智慧养老技术认知

主　编　李　斌　支　明　刘　凯
副主编　程玉柱　吴名星　刘隽铭　李浩平

复旦大学出版社

本书编委（按姓氏笔画排列）

支　明（湖南省康乐家健康管理有限公司）
白　东（云南交通运输职业学院）
刘志敏（大连职业技术学院）
刘　凯（长沙民政职业技术学院）
刘艳丽（菏泽家政职业学院）
刘隽铭（长沙民政职业技术学院）
李光耀（云南外事外语职业学院）
李佳辉（益阳医学高等专科学校）
李浩平（长沙民政职业技术学院）
李　斌（长沙民政职业技术学院）
吴名星（长沙民政职业技术学院）
金伊娜（红河卫生职业学院）
金秉康（北京劳动保障职业学院）
庞维跃（乌鲁木齐职业大学）
姜晓伟（承德应用技术职业学院）
洪兆晨（咸宁职业技术学院）
陶　娟（安徽城市管理职业学院）
睦　睦（深圳职业技术大学）
蒋雯音（宁波卫生职业技术学院）
程玉柱（长沙民政职业技术学院）
潘勤春（广西工业职业技术学院）

健康养老专业系列教材编委会

学术顾问 吴玉韶（复旦大学）
编委会主任 李 斌（长沙民政职业技术学院）

编　　委
唐四元（中南大学湘雅护理学院）
张永彬（复旦大学出版社）
黄岩松（长沙民政职业技术学院）
范　军（上海开放大学）
田奇恒（重庆城市管理职业学院）
杨爱萍（江苏经贸职业技术学院）
朱晓卓（宁波卫生职业技术学院）
罗清平（长沙民政职业技术学院）
王　婷（北京劳动保障职业学院）
高　华（广州卫生职业技术学院）
张国芝（北京青年政治学院）
陶　娟（安徽城市管理职业学院）
李海芸（徐州幼儿师范高等专科学校）
王　芳（咸宁职业技术学院）
罗　欣（湖北幼儿师范高等专科学校）
刘书莲（洛阳职业技术学院）
张伟伟（聊城职业技术学院）
朱建宝（复旦大学出版社）

石晓燕（江苏省社会福利协会）
郭明磊（泰康医疗管理有限公司）
邱美玲（上海九如城企业（集团）有限公司）
丁　勇（上海爱照护医疗科技有限公司）
关延斌（杭州暖心窝科技发展有限公司）
刘长松（上海福爱驿站养老服务集团有限公司）
李传福（上海瑞福养老服务中心）
谭美花（湖南康乃馨养老产业投资置业有限公司）
马德林（保利嘉善银福苑颐养中心）
曾理想（湖南普亲养老机构运营管理有限公司）

编委会秘书 张彦珺（复旦大学出版社）

前言

Preface

在银发浪潮席卷全球的今天，老龄化已然是人类共同面临的挑战，应对快速老龄化成为我国国家战略。截至2023年，我国60岁及以上老年人口已近3亿，占总人口的21.1%，其中65周岁及以上老年人口为2.17亿人，占总人口的15.4%，全面进入中度老龄化社会。根据联合国人口司报告《世界人口展望(2020)》预测，2050年我国60岁及以上人口将接近5亿，占比达40%左右，65岁及以上人口将达到3.95亿人，占比约为30.1%。目前，我国失能老年人约3500万，占全体老年人的11.6%，老年人患病率是总人口平均水平的4倍，带病生存时间达8年多。据测算，到2035年，我国失能老年人将达到4600万，到2050年将达到5800万左右。我国老龄化社会呈现出这几个特点：未富先老；老龄人口数量世界第一，老龄化速度快；老年人带病生存时间长，失能失智照护需求大；老龄化社会与少子化社会同步加速到来；养老服务地区差异、城乡差异大等。发挥我国科技和经济发展的后发优势，科技赋能，让科技的温度融入养老的每一个细节，是破解传统养老困局，提升养老服务品质的必由之路。

随着智能时代的到来，健康监测与预警、智能家居与适老化改造、护理机器人、远程医疗与AI辅助等高新科技加速布局养老服务产业。在全球智慧养老专利布局方面，日本、欧盟、美国等先期进入老龄化社会的发达国家具有先发优势。美国高质量专利集中在AI、物联网和机器人领域；日本聚焦护理机器人和无障碍设施；欧盟侧重保护隐私、标准化和数据安全；韩国重视智能穿戴设备；新加坡着力推动AI护理机器人。我国则是全面发力、增长最快的国家，近年来在智慧养老设备领域的专利申请量激增，约占到全球总数的40%。我国高新科技全面发展，后来居上，在生活、医疗药品、照护、临终服务等银发经济领域广泛运用。《智慧健康养老产业发展行动计划(2021—2025年)》提出"强化科技支撑，优化产业生态，协同推进技术融合、产业融合、数据融合、标准融合，推动产业数字化发展，打造智慧健康养老新产品、新业态、新模式"，在智慧养老产品供给、智慧健康创新应用、智慧养老场景打造、智慧养老服务创新等方面持续发力。构建"居家为基础、社区为依托、机构为专业支撑、医养相结合的养老服务供给格局"。在养老全产业链中，科技得到广泛应用，呈现出不断满足老年人多层次、多样化、个性化服务需求的发展态势。根据"以产引教、以产定教、以产改教、以产促教"原则，作为未来智慧康养行业的从业人员，作为未来养老行业的管理者和创新创业精英，康养专业学生必须了解高新科技在养老服务领域、在养老产业发展中的最新应用成果，必须增强学习高新科技的意识和能力，必须提升对智慧养老技术的认知。这是《智慧养老技术认知》教材编撰的使命与初心。

这本教材的诞生，源于一支养老领域"产学研用创"跨界团队的智慧碰撞。团队不仅汇聚了康乐家、泰康、永爱集团等顶尖养老企业的实战专家，还邀请了深圳职业技术大学、北京劳动保障职业学院等院校的学者，以及来自医学、人工智能、物联网等领域的青年教师和工程师。值得一提的是，团队核心成员主导研发的"数字化中医养生机器人"于2024年荣获中国国际大学生创新大赛金奖，其中的"多模态手法学习功能""数字化穴位检测"等申请了多项国家专利。团队"产学研用创"深度融合的独特背景，让本教材既有行业味道和科技原理，又有落地实践和创新创业的鲜活基因。本教材遴选目前在养老服务领域广泛应用的十大技术：大数据技术、人工智能技术、移动通信技术、云计算技术、生物特征识别技术、虚拟现实技术、定位技术、机器人技术、传感器技术、物联网技术，以"问题驱动、场景落地"为核心，力求通过真实案例、技术解析和创新实践，为读者呈现一幅智慧养老的完整图景。

教材中精选了20余个覆盖城乡的典型案例，每一个故事都源于团队深入养老院、社区和家庭的实地调研。除此之外，教材中还收录了团队自主研发的多项创新产品：从助行康复到智能家居，从中医养生到数字化农业，一系列突破性技术正以我们的方式重塑养老领域。这些自主研发的创新产品均荣获国家级创新创业奖项（共获得"挑战杯"国赛一等奖2项，"互联网＋"国赛金奖1项，"大学生创新大赛"国赛金奖3项）。

教材编排以开展基于行动导向的模块化项目教学为底层逻辑，每项技术为一个教学模块，体现出如下特点：真实案例切入，直击养老痛点；强化场景应用，传递技术温度；理论结合实践，知识体系完整；强调科技伦理，技术人文交汇；解读技术要点，拓宽科技视野；启迪创新思维，示范产品研发。

本教材不仅是智慧养老领域知识的集成，也架起了理论与实践之间的桥梁，引导我们一同探索科技改变老龄生活的智慧方案，畅想银发经济带来的产业繁荣与发展。它为智慧康养专业师生和从业人员系统化呈现了理实一体的智慧养老技术体系，为康养服务领域的专业人士和研究人员提供了最新的知识和技术资源，也为智慧养老的爱好者们提供了深入了解前沿科技与养老服务融汇创新的机会。

在此，我们特别感谢康乐家、泰康、爱照护、暖心窝、永爱集团、森鹰科技、乐湾科技等机构和企业多年以来的支持和帮助，衷心感谢深圳职业技术大学、乌鲁木齐职业大学、大连职业技术学院、安徽城市管理职业学院、云南交通运输职业学院、菏泽家政职业学院、咸宁职业技术学院、北京劳动保障职业学院、益阳医学高等专科学校、广西工业职业技术学院、宁波卫生职业技术学院、承德应用技术职业学院、红河卫生职业学院等院校同仁的鼓励和帮助。他们的专业贡献为智慧养老领域的人才培养和行业发展提供了有力支持。愿本教材能点燃智慧康养同仁热情的火种，汇聚大家的力量，共同推动智慧养老事业的蓬勃发展。让科技的温暖之光照亮老年人的晚年生活，赋予他们更多的尊严与幸福时光。愿我们携手共进，共同迎接智慧养老时代的美好未来。

另外，为方便院校的教学，本教材配套开发了数字教学资源，如教学课件、电子沙盘、创新竞赛视频等，请至复旦社云平台 www.fudanyun.cn 下载。

李斌

2025年2月19日

目 录
Contents

模块 1　智慧养老概述 ··001
 1.1　案例导读 ··001
 1.2　智慧养老技术的发展历程和现状 ··006
 1.3　智慧养老的定义与内涵 ···008
 1.4　智慧养老中的伦理问题与社会责任 ··011
 1.5　智慧养老未来展望 ··014

模块 2　移动通信技术+养老关键技术分析 ···020
 2.1　案例导读 ··020
 2.2　应用场景 ··021
 2.3　知识要点 ··025
 2.4　知识拓展 ··029
 2.5　创新案例：5G＋VR 远程探视系统 ··032

模块 3　云计算技术+养老关键技术分析 ···037
 3.1　案例导读 ··037
 3.2　应用场景 ··038
 3.3　知识要点 ··040
 3.4　知识拓展 ··043
 3.5　创新案例：云端智能控糖助手 ··044

模块 4　大数据技术+养老关键技术分析 ···048
 4.1　案例导读 ··048
 4.2　应用场景 ··049
 4.3　知识要点 ··053

  4.4 知识拓展 055
  4.5 创新案例：阿尔茨海默病预警大数据系统 059

模块 5　人工智能技术+养老关键技术分析 063
  5.1 案例导读 063
  5.2 应用场景 065
  5.3 知识要点 069
  5.4 知识拓展 073
  5.5 创新案例：情感计算养老服务系统 080

模块 6　定位技术+养老关键技术分析 085
  6.1 案例导读 085
  6.2 应用场景 086
  6.3 知识要点 089
  6.4 知识拓展 092
  6.5 创新案例：下肢机器人 094

模块 7　物联网技术+养老关键技术分析 098
  7.1 案例导读 098
  7.2 应用场景 099
  7.3 知识要点 102
  7.4 知识拓展 104
  7.5 创新案例：中央热水节能管家 106

模块 8　传感器技术+养老关键技术分析 110
  8.1 案例导读 110
  8.2 应用场景 111
  8.3 知识要点 115
  8.4 知识拓展 117
  8.5 创新案例：中华蜂数字化养殖系统 118

模块 9　生物特征识别技术+养老关键技术分析 122
  9.1 案例导读 122
  9.2 应用场景 123
  9.3 知识要点 126

9.4 知识拓展 129
9.5 创新案例:基于增强现实和脑机接口技术的上肢康复训练系统 132

模块 10 机器人技术+养老关键技术分析 135

10.1 案例导读 135
10.2 应用场景 136
10.3 知识要点 139
10.4 知识拓展 143
10.5 创新案例:数字化中医养生机器人 145

模块 11 虚拟现实技术+养老关键技术分析 148

11.1 案例导读 148
11.2 应用场景 149
11.3 知识要点 152
11.4 知识拓展 155
11.5 创新案例:基于虚拟现实的智慧居家养老数字孪生大模型 157

主要参考文献 160

模块 1

智慧养老概述

1.1 案例导读

案例 1 　　社区居家智慧养老——李大爷的智能生活助手

在杭州某智慧社区,75岁的退休教师李卫国(化名)曾深陷独居困境。子女定居海外,高血压和膝关节退行性病变让他每日如履薄冰——漏服降压药引发的深夜急救、浴室滑倒无人知晓的恐惧,如同悬在头顶的达摩克利斯之剑。直到2023年社区启动智慧养老改造,科技的力量为这位空巢老人打开了新生活的大门。

李卫国的居所悄然蜕变为智能守护空间:毫米波雷达隐匿在浴室瓷砖下,15分钟无活动迹象便启动安全确认;厨房的智能机械臂能在0.3秒内切断燃气阀门,比人类反应快8倍;AI血压仪用熟悉的吴侬软语播报数据,让科技关怀浸染着乡音温度。曾经令他提心吊胆的夜间时分,如今有智能床垫持续监测呼吸频率,异常波动直接触发三级预警系统,让远在墨尔本的子女也能通过手机查看父亲的睡眠质量。

健康管理已融入日常生活的每个缝隙。清晨七点半,智能药盒的柔光提醒伴着家庭医生视频指导;午后智能穿衣镜化身AR康复教练,通过实时骨骼点追踪纠正训练姿势;晚间系统自动生成包含血压波动曲线、步态稳定性指数等20项参数的健康简报,直通浙医二院云端会诊平台。这种无感化监护让李卫国的用药依从性提升至98%,半年内急诊次数锐减80%。

科技的温度更在生活细节处流淌。当李卫国在书房挥毫时,AI绘画助手智能补全晕染的笔锋,让他的书法作品登上社区数字展厅;每周五智能终端自动适配子女时区,8K全息投影让跨洋团圆触手可及。某次雨夜跌倒,GPS手环在监测到撞击的瞬间,已调度无人配送车装载急救药品赶往定位点,社区应急小组的多台终端同步亮起警报——从险情发生到专业救助介入,全程仅耗时12分38秒。

这套融合物联网与人性化服务的模式正在产生涟漪效应。长三角23个社区里,1800多位老人日均产生300万条生命体征数据,构建起精准的银发族数字画像。政府据此优化养老资源配置,将独居老人应急响应时长从32分钟压缩至15分钟。李卫国的故事不再是个例,当他在社区展厅看到自己的健康数据曲线化作公共政策分析图时,真切感受到了科技如何将个体命运与社会进步紧密相连。

案例 2 　　大型康养机构智慧养老——赵奶奶的智能照护之旅

在上海虹桥某大型康养机构,80岁的赵美兰(化名)老人曾让护理团队格外忧心。这位患有糖尿病、阿尔茨海默病早期症状的退休越剧演员,入住三个月内就发生七次夜间低血糖昏迷,最严重一次血糖值跌破2.8 mmol/L。子女翻看护理记录时发现,母亲竟在同一天被重复喂药三次——传统照护模式的漏洞,在2023年冬季催生出一次彻底的智慧化变革。

赵奶奶的床头悄然多了枚银杏叶造型的智能徽章,这枚融合UWB(超宽带)定位与多模态传感器的设备,正重塑着她的安全防线。当她在凌晨两点摸索着走向走廊时,地面压力传感毯已提前15秒向值班台发出预警;营养师设计的控糖食谱被转化为智能餐盘的温度曲线,某次护工误送高糖餐点时,餐盘边缘立即闪烁红光警示。最惊险的瞬间发生在改造后的第18天:夜间智能床垫监测到赵奶奶出汗量激增,联动血糖仪发现数值骤降,自动注射笔在护士赶到前已完成胰高血糖素给药。

智慧中枢"养老管家"系统让个性化照护成为现实。清晨六点,当赵奶奶的智能手环捕捉到晨起心率波动,护理机器人已端着适配病情的温水与药物候在门外;午后的认知训练时间,AR眼镜投射出越剧《红楼梦》场景,AI通过她瞳孔聚焦时间智能调整训练难度。在子女最担忧的用药安全方面,数字孪生平台将每次服药过程拆解为17个质控节点,半年内实现零差错。

科技的温度在细节处悄然绽放。当赵奶奶对着窗外发呆时,情感计算系统捕捉到她嘴角下垂的微表情,十分钟后护理机器人便播放起她年轻时主演的《梁祝》选段。每周日的"全息家庭日",3D光场投影将她远在旧金山的重孙女带到床边,孩子新学的钢琴曲在空间音频技术中宛如亲临。更令人惊喜的是,VR数字疗法让她重走绍兴故居青石板路时,认知评估量表分数提升了23%。

这场静默的智慧革命正在改变整个行业的生态。在"智慧养老计划"实施后的九个月内,该机构跌倒发生率下降67%,夜间突发情况响应时间压缩至90秒。20类智能设备产生的日均500GB数据,正通过联邦机器学习技术优化长三角58家连锁机构的照护模型。当赵奶奶在生日会上用脑机接口设备操控机械臂切开蛋糕时,她不知道自己的生命体征数据已化作养老政策白皮书中的关键曲线——那是2.3万名老人用真实生活书写的科技答卷。

案例3　"居家为基础、社区为依托、机构为补充"三位一体医养结合的智慧康养服务

长沙市某社区是城市退休职工居住相对集中的老旧社区,60岁以上老人占比近40%,养老服务需求大,公共资源不足。社区委托湖南某养老机构运营,有效整合政府公共服务、企业和社区资源,开展老人日间照料、居家护理、残疾人康复托养和医疗保健的"嵌入式"社区综合服务,通过科技赋能,探索"居家为基础、社区为依托、机构为补充"三位一体医养相结合的智慧健康养老服务模式,建立城市15分钟社区嵌入式养老服务圈。2024年区政府适老化及智能化改造500多户,居家上门服务67788次,老年大学服务48000人次,老年友善互联网医院提供在线就医购药5000多人次,慢病筛查59871人次,疼痛及中医治疗20000多人次(住院及门诊)。更好地便利了社区老人,满足了老年人的健康、文化与精神需求,提高了老年人的亲切感、幸福感和获得感,深受社区老人欢迎。具体如下:

1. 智慧健康管理

随着科技的飞速发展,智慧健康管理系统已成为提升个人健康管理效率、促进健康生活方式的重要工具。该社区的智慧健康系统旨在通过线上智慧健康管理平台与线下智能健康设备的无缝对接,为用户提供全方位、个性化的健康管理服务。智慧健康管理系统界面,见图1-1。

2. 智能穿戴设备

智慧健康管理中使用如智能手环、智能手表等智能穿戴设备(见图1-2),这些设备能够实时监测用户的心率、血压、睡眠质量等参数,并将数据传输到云端进行分析处理。

3. 健康一体机

使用的健康一体机(见图1-3)是集成了血压测量、心率监测、血糖检测、体脂分析、体温测量等多种健康指标检测功能的智能设备。用户只需简单操作,即可快速获取全面的健康数据。

图 1-1　智慧健康管理系统界面

图 1-2　智能穿戴设备

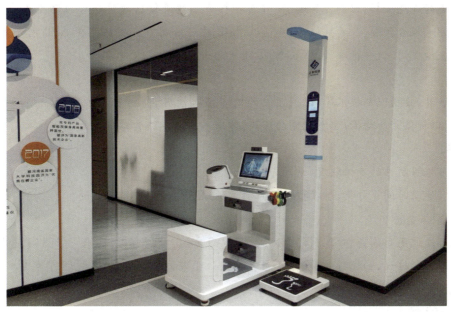

图 1-3　健康一体机

4. 家庭医生终端设备

专业化的家庭医生终端设备——一种集成各种传感器、软件算法和通信模块的小型医疗机器人（见图1-4），可以在家中进行基本的健康检查，并实时将数据上传到云服务器。这种设备通常包含血压计、心率监测仪、体温计等基础功能，同时也可配备血糖检测装置、尿液分析仪等更专业的测试工具。这些系统终端设备通过内置的传感器和通信模块，将收集到的健康数据传输到云端。物联网技术使得这些设备能够实时、准确地与线上平台相连，实现数据的同步并进行分析。另外，所有设备的数据会自动同步到云端，经过大数据分析后生成详细的健康报告，用户可以随时查看自己的健康状况。

图1-4 家庭医生终端设备

5. 评估的关键技术、依据和模型

智慧健康管理系统将收集到的用户实时生理数据通过云计算、大数据、人工智能等技术，对比用户的历史健康数据进行深度分析，识别健康趋势、异常指标等。健康数据通过后台自动生成个性化的健康报告，包括健康评分、风险预警、改善建议等，并通过APP推送给用户。用户可在APP内查看详细报告，并根据建议调整生活习惯、饮食标准、睡眠状态、心理状态来进行健康恢复。

6. 饮食标准

通过智能餐具、食物识别技术等，记录用户的饮食摄入情况，包括食物种类、摄入量等。系统可分析用户的饮食习惯，提供营养均衡、热量控制的建议，帮助用户改善膳食结构。

7. 运动标准

线上系统可根据用户的身体状况、运动习惯等信息，制定个性化的运动计划。这些计划可包括运动类型、运动强度、运动时间等要素，旨在帮助用户通过运动达到健康恢复的目的。

8. 心理干预与支持

线上系统可通过问卷调查、心理测评等方式，了解用户的心理状态和需求。根据测评结果，系统可提供个性化的心理干预建议，如进行放松训练、寻求专业心理咨询等。同时，系统还可为用户提供心理健康教育和指导，帮助用户建立积极的心态和生活方式。

9. 风险评估标准

智慧健康管理系统对收集到的数据利用大数据分析和机器学习技术，对用户健康数据进行深度挖掘和分析,评估健康风险,生成健康报告。根据数据分析结果,系统对用户进行健康风险评估,划分风险等级。对于存在健康风险的用户,系统及时发出预警,提醒用户采取相应的健康管理计划。用户可根据自身需求,灵活选择线上或线下服务方式。

10. 线上健康管理

线上平台的专业医生以及健康顾问提供个性化健康建议进行定期的健康干预。用户可根据自身的健康状态进行反馈调整,线上系统收集并分析用户的身体状况后,会不断优化健康计划的流程。同时,系统建立严格的监管机制,对线上服务进行质量控制。定期对用户身体进行评估,确保其恢复质量和安全性。

11. 线下健康管理

线下可联系专业人员,服务机构会根据系统的报告对用户的身体配对专业的健康管理人员,首先会与用户进行沟通,后使用专业医疗设备对用户的身体进行全面的二次评估,包括生理数据(如身高、体重、血压等),生活方式数据(如是否吸烟、膳食与运动习惯等),个人或家族健康史等信息的收集。基于评估结果,制定个性化的健康管理计划,包括服务时间、服务频率、服务人员安排等。明确服务内容、服务标准,服务人员会记录用户的身体状况、生活习惯、需求变化等信息,并及时向用户反馈。服务机构会定期对老年人进行跟踪回访,及时调整服务计划。

12. 一呼百应智能设备

智慧居家管理系统通过物联网技术,将家庭中的各类设备连接起来,实现设备间的互联互通。用户可以通过一键呼叫链接网关终端,远程监测家庭设备的状态,如温度、湿度、照明、安防等,通过一键呼叫链接网关即可快速链接线下八大类3 000多种居家上门服务以及健康医疗服务等。

13. 智能家床设备

智能家床设备是一种具备智能化功能的床,通过内置传感器和控制系统,能够实时监测用户的睡眠状态,并根据需求自动调节床的高度、倾斜角度等,以提供更加舒适的睡眠环境。同时,智能家床还具备健康监测、紧急呼叫、娱乐互动等多种功能。

14. DD居家智慧养老小程序

DD居家智慧养老小程序包含多个功能模块,如健康监测、紧急救援、社交互动、便民服务、在线学习等,以满足老年人在生活中的各种需求。这些模块通过智能化的手段,为老年人提供全方位、个性化的养老服务。小程序页面见图1-5。

图1-5 小程序页面

1.2 智慧养老技术的发展历程和现状

1.2.1 国内智慧养老技术的发展历程

1. 萌芽阶段（21世纪初—2010年）

21世纪初，为了应对老年人的突发紧急情况，部分地区开始推出基于语音呼叫或互联网的"一键通"紧急救助服务，信息化养老的概念出现。2007年12月，苏州市沧浪区成立全国首个"虚拟养老院"，拉开了探索智慧养老的序幕。

2. 起步阶段（2010年—2012年）

2010年，运用互联网和电话呼叫的为老服务开始出现，全国老龄办提出养老服务信息化，并推动建设基于互联网的虚拟养老院。

3. 探索阶段（2012年—2015年）

2012年，全国老龄办首次提出"智能养老"的理念，并且以智能化养老实验基地形式在全国开展了实践探索。

4. 试点阶段（2015年—2017年）

2015年，国家发布互联网＋行动计划，智能养老被正式列入国家工程。在这个阶段，政府部门频频出台支持养老服务信息化、智能化的政策，实施试点工程；企业和社会组织积极性高涨，纷纷进入智能养老领域。

5. 示范阶段（2017年至今）

2017年，工信部、民政部、原国家卫计委发布了《智慧健康养老产业发展行动计划（2017—2020年）》，标志着智能养老第一个国家级产业规划出台。同年7月，上述三部委发布《开展智慧健康养老应用试点示范的通知》，标志着智能养老进入示范发展阶段。

1.2.2 国外智慧养老技术的发展历程

1. 萌芽阶段（20世纪后期—2000年）

日本在这一时期开始研发远程医疗技术，为老年人提供远程健康咨询和监测服务。同时，日本还开始研发紧急呼叫系统，为老年人提供紧急情况下的快速救助。这些初步的技术应用为老年人提供了基本的健康保障和安全防护，为智慧养老技术的后续发展奠定了基础。

2. 起步阶段（2000年—2005年）

英国生命信托基金会首次提出"智慧养老"的概念，并计划构建全智能化老年公寓。该公寓采用传感、无线传输等技术，实现老年人日常生活的远程监控，为智慧养老技术的发展提供了新的思路。英国生命信托基金会的这一举措标志着智慧养老技术正式进入实质性发展阶段，为后续的技术研发和应用提供了重要的参考和借鉴。

3. 探索阶段（2005年—2010年）

美国在远程医疗行业发展迅猛，多家远程医疗企业诞生，为老年人提供在线医疗咨询服务。芬兰研发出"活跃家庭生活"居家养老科技产品，通过在家中安装传感器，实时监测老年人的健康状况和安全情况。这一时期，各国纷纷加大对智慧养老技术的研发投入，推动了物联网、大数据等技术在养老服务中的应用,为老年人提供了更加便捷、智能的服务。

4. 试点阶段(2010年—2015年)

英国的赫特福德大学公布了下一代智能家居"交互屋(InterHome)"的原型系统,为独居老年人配备腕带设备,通过感应器检测并记录居住者的生命体征数据,并将数据传输给家人和医护人员。日本的科学家为老年人研制了"baby Lloyd"机器人,可以陪伴老年人,帮助治疗老年人孤独症和抑郁症。同时,日本还开发出通过监测家中电器使用情况来汇报老年人生活状态的智能监护系统。这些试点项目的成功实施,验证了智慧养老技术的可行性和有效性,为后续的推广和普及提供了有力的支持。

5. 示范与推广阶段(2015年至今)

美国的远程医疗平台Teladoc Health成为美国第一家也是目前规模最大的远程医疗平台,为老年人提供全天候的医疗服务。德国积极推动数字健康技术的发展,通过电子健康记录、远程医疗等技术为老年人提供便捷高效的医疗服务。瑞典大力推动社区养老全面数字智能化试点,并制定了人工智能国家战略。日本出台"超级智慧社会5.0"计划,大力发展养老服务机器人、护理机器人等智能辅助产品,广泛应用于养老院和家庭。随着技术的不断成熟和应用场景的拓展,智慧养老技术逐渐成为养老服务的主流模式。各国纷纷出台政策支持智慧养老产业的发展,推动智慧养老技术的普及和应用,为老年人提供更加全面、个性化的服务。同时,国际间的合作与交流也日益频繁,共同推动智慧养老技术的全球发展。

1.2.3 国内智慧养老技术现状

1. 市场规模持续扩大

根据某研究院发布的《2024—2029年中国智慧养老行业市场深度调研及投资策略预测报告》中的数据显示,2023年我国智慧养老市场规模已增长至6万亿元以上。其中,居家智能养老的市场规模占比达52.9%,社区智能养老和机构智能养老所占的市场规模比例分别为26.5%和20.6%。预计未来几年,智慧养老市场规模将持续扩大。

2. 技术创新加速

物联网、大数据、云计算、人工智能等新一代信息技术在智慧养老领域得到了广泛应用。例如,智能穿戴设备市场规模2023年已增长至934.7亿元,成为智慧养老行业最主要的细分市场。此外,便携式健康监测设备、自助式健康检测设备、智能养老监护设备等新产品不断涌现。

3. 政策支持力度加大

近年来,我国政府高度重视智慧养老行业的发展,出台了一系列政策措施。例如,国务院办公厅于2024年印发的《关于发展银发经济增进老年人福祉的意见》明确提出,要打造智慧健康养老新业态,并推进新一代信息技术在养老场景中的应用。这些政策为智慧养老产业提供了有力支持。

4. 产业链逐步完善

智慧养老产业链上游为新一代信息技术和硬件设备供应,中游为智慧养老产品及服务,下游为需求市场。随着产业链上下游的紧密协作,智慧养老产业的整体竞争力不断提升。

5. 跨界融合成为新趋势

智慧养老行业正在与医疗、健康、文化、教育等多个领域形成跨界合作、深度融合。例如,智慧养老与医疗健康的结合,为老年人提供了更加全面、便捷的医疗服务;智慧养老与教育的结合,为老年人提供了更加丰富的学习资源。

1.2.4 国外智慧养老技术现状

1. 技术应用广泛

发达国家在智慧养老技术的应用方面走在前列。例如，英国依托社区建立智慧养老中心，打造智能化医养一体概念；美国将智能设备、信息技术等高科技广泛投入养老与医疗服务体系，远程医疗行业发展迅猛。

2. 产品与服务创新

国外市场上出现了许多创新的智慧养老产品和服务。例如，美国的 ElliQ 机器人，为老年人提供陪伴、互动和健康提醒等服务。

3. 政策支持体系完善

发达国家高度重视智慧养老产业的发展，制定了一系列政策措施。例如，英国政府鼓励和支持养老服务机器人和家庭护理机器人的发展；美国将市场竞争引入智慧养老产业，吸引了众多企业投入技术研发。这些政策为智慧养老产业提供了有力保障。

4. 产业生态成熟

国外智慧养老产业生态相对成熟，形成了政府引导、企业主导、社会参与的多元化发展格局。产业链上下游企业紧密协作，共同推动智慧养老产业的快速发展。

5. 注重隐私保护与安全

随着智慧养老技术的广泛应用，数据隐私保护成为重要议题。发达国家在智慧养老技术的发展中，更加注重隐私保护和数据安全。例如，通过制定相关法律法规和技术标准，确保老年人的个人信息安全。

1.3 智慧养老的定义与内涵

在应对人口老龄化方面，传统养老模式已暴露出照护资源匮乏、医疗服务不均衡、老年人生活品质待提升等问题。全球范围内，物联网、大数据、人工智能等技术的创新应用为养老领域带来新机遇，以智慧化、数字化为支撑的智慧养老成为积极应对人口老龄化的重要路径。根据《智慧健康养老产业发展行动计划（2021—2025年）》（工信部、民政部、国家卫健委于2021年颁布）提出的"科技支撑能力显著增强，产品及服务供给能力明显提升，试点示范建设成效日益凸显，产业生态不断优化完善"四大愿景，智慧养老通过系统性整合技术、服务与场景，正在重构养老服务体系。

1.3.1 智慧养老的提出背景

1. 社会驱动因素

随着全球老龄化的加速，养老问题已成为各国政府和社会各界关注的重点。据联合国预测，到2050年，全球60岁及以上老年人口将占总人口的21%。我国老龄化现状同样严峻，国家统计局数据显示，2023年我国60岁以上人口已突破2.9亿，占总人口的21.1%。我国人口老龄化趋势，见图1-6。这一趋势对我国的社会保障、医疗卫生等领域提出了新的挑战，传统养老模式面临着资源错配、服务低效、需求升级等痛点。例如，在居家养老中，急救响应延迟问题时有发生，严重影响了老年人的生命安全和生活质量。

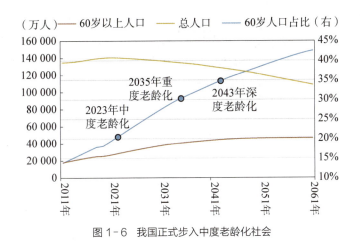

图 1-6 我国正式步入中度老龄化社会

2. 技术驱动因素

新一代信息技术的成熟为智慧养老提供了强有力的技术支撑。5G、AI、物联网等技术的快速发展,使得智慧养老成为可能。同时,适老化技术的突破,如语音交互、无感监测、柔性电子皮肤等,进一步提升了智慧养老的可行性和实用性。

3. 政策驱动因素

国家战略文件的支撑为智慧养老的发展指明了方向。《智慧健康养老产业发展行动计划(2021—2025年)》提出了四大愿景与六大任务框架,为智慧养老产业的发展提供了政策保障。此外,"十四五"国家老龄事业发展规划中也明确了智慧养老的定位和发展方向。

1.3.2 智慧养老的定义与特征

1. 多维度定义解析

(1)技术视角

智慧养老是基于物联网、大数据、人工智能等现代信息技术手段,建立的智能化养老系统。这一系统能够实现对老年人日常生活、健康状况的全面监测和管理,提高养老服务的效率和质量。

(2)服务视角

智慧养老采用"线上平台+线下终端+人工响应"的三位一体服务模式。线上平台通过大数据和人工智能技术进行数据分析和服务调度,线下终端提供具体的养老服务,人工响应则确保在必要时能够及时介入和处理。

(3)政策视角

智慧养老是实现国家养老战略四大愿景(科技支撑能力显著增强、产品及服务供给能力明显提升、试点示范建设成效日益凸显、产业生态不断优化完善)的核心载体。

2. 核心特征

智慧养老的核心特征为"四化融合"和"三大突破",请见表1-1、表1-2。

表 1-1 四化融合

特征	技术表现	政策目标对应
物联化	智能手环/环境传感器全域感知	产品供给工程
数字化	健康数据全生命周期管理	平台提质升级

(续表)

特征	技术表现	政策目标对应
精准化	AI个性化服务推荐	健康管理能力提升
普惠化	社区智慧助餐车覆盖城乡	养老服务推广工程

表1-2 三大突破

突破内容	价值体现
打破空间限制	远程问诊系统让农村老年人享受三甲医院服务
重构服务流程	从"被动急救"转向"主动健康干预"
优化资源配置	智慧养老平台实现跨区域养老护理员调度

1.3.3 智慧养老的体系架构

智慧养老的体系架构由技术支撑层、服务内容层、政策保障层组成。

1. 技术支撑层

技术支撑层由感知层、网络层、平台层、应用层等四大层级构成,见表1-3。

表1-3 智慧养老技术支持层级

层级	关键技术	对应专项工程	功能示例
感知层	可穿戴设备/毫米波雷达	产品供给工程	实时采集心率、活动轨迹
网络层	5G/北斗定位/NB-IoT	信息技术支撑	低延迟传输急救信号
平台层	健康大数据中心	平台提质升级	分析区域慢性病分布趋势
应用层	智能照护系统/VR康复训练	健康创新应用工程	生成个性化认知训练方案

2. 服务内容层

(1) 基础服务

包括安全监护、生活协助等,满足老年人的基本生活需求。安全监护(跌倒监测响应≤3分钟)、生活协助(智能药盒提醒准确率≥99%)。

(2) 增值服务

如慢病管理、康复训练、精神慰藉等,为老年人提供更高层次的养老服务。例如,AI认知训练系统可以帮助认知障碍老年人进行康复训练;AI糖尿病饮食建议系统为江苏某社区糖化血红蛋白达标率提升25%;VR怀旧疗法可缓解阿尔茨海默病症状(某临床实验显示焦虑指数下降40%)。

3. 政策保障层

(1) 标准体系

如《智慧健康养老服务平台参考模型》(SJ/T 11783-2021),为智慧养老平台的建设和运营提供标准规范。

(2) 试点工程

目前,全国范围内已建设了200多个智慧健康养老示范街道,累计服务超800万人次,取得了显著的成果和丰富的经验。

1.3.4 智慧养老的实践路径

1. 关键技术突破

（1）适老化人机交互

开发手势识别、增强现实（AR）导航等技术，使老年人能够更方便地使用智能设备。

（2）隐私保护技术

应用联邦机器学习等技术，在保障数据隐私的前提下实现数据的共享和利用。

2. 典型应用场景

智慧养老典型应用场景，见表1-4。

表1-4 智慧养老典型应用场景

场景类型	技术组合	对应专项工程	实践案例
社区智慧助餐	AI营养分析＋无人配送车	养老服务推广工程	杭州某社区餐食浪费减少30%
认知障碍数字疗法	VR场景训练＋脑电监测	健康创新应用工程	上海某养老院简易精神状态检查量表（MMSE）评分提升15%
农村互助养老平台	北斗定位＋低功耗广域网络	产品供给工程	四川某地区紧急响应效率提升50%

3. 人才能力要求

智慧养老对人才的能力要求，见表1-5。

表1-5 智慧养老对人才的能力要求

能力维度	具 体 要 求
技术运维	具备智能设备调试与数据管理的能力，确保智慧养老系统的正常运行
服务设计	具备适老化交互界面优化能力，提升老年人使用智能设备的体验
政策解读	熟悉智慧养老相关政策，能够推动智慧养老补贴政策的落地实施

1.4 智慧养老中的伦理问题与社会责任

智慧养老技术的快速发展，为老年人带来了前所未有的生活便利与服务质量的提跃。然而，在这场技术革新的背后，也伴随着一系列复杂且影响深远的伦理问题与社会责任挑战。在智慧养老的实践中，我们必须时刻铭记：无论科技如何进步，伦理与责任始终是不可或缺的基石，尤其在养老这一充满温情与人文关怀的领域，机器永远无法完全替代人的角色与情感。

1.4.1 智慧养老中的伦理问题

1. 隐私保护

智能养老产品通过全面收集老年人的健康数据、生活习惯、社交活动等私人信息，以提供更加精准、个性化的服务。然而,数据的海量汇聚也带来了信息泄露的巨大风险。老年人的隐私权是他们的基本权利,必须得到严格保护。因此,需要建立健全隐私保护机制,包括加强法律法规建设,明确数据收集、存储、使用的规范;实施严格的数据加密存储措施,确保信息在传输和存储过程中的安全性;同时,加强对数据使用效果的监管,确保数据在促进智慧养老服务优化升级的同时,不会侵害老年人的隐私权益。

此外,还应提高老年人的隐私保护意识,让他们了解自己的信息如何被收集和使用,并赋予他们选择是否分享某些信息的权利。

2. 责任归属

智慧养老涉及政府、养老服务机构、智能养老设备的开发者、制造者、所有者以及老年人自身等多个责任主体。这些主体在智慧养老服务链条中扮演着不同的角色,承担着不同的责任。然而,由于服务主体的多元化特性以及智能技术的高度自主性,责任归属问题变得模糊不清。

为了解决这个问题,需要建立一个权责明晰、各司其职的责任体系。在这个体系中,每个参与主体的权利与义务都应得到明确界定。对于智慧养老服务机构,应明确其服务标准、质量要求和责任承担方式;对于智能产品供应商,应明确其产品的安全性能、质量保障和售后服务责任;对于其他参与养老服务行动的主体,也应清晰划定其责任边界。

同时,还需要加强司法实践,对于人工智能侵权案件进行深入研究,明确事实的认定标准和法律的适用判断,为责任归属问题提供有力的法律保障。

3. 人文关怀

智慧养老虽然在一定程度上提高了养老服务的效率和质量,但也带来了人文关怀的缺失。智能产品和设备虽然能够替代部分日常照料工作,却无法替代家人、朋友给予的亲情和温暖。老年人的精神世界丰富多彩,他们渴望得到人格尊重、情感慰藉、健康关怀及文化娱乐等多方面的满足。

因此,在推进智慧养老的过程中,必须高度重视并满足老年人的精神需求。倡导以老为本的养老理念,强调在提供智慧养老服务的同时,注重老年人的情感交流和精神关怀。鼓励家庭成员与老年人保持频繁而深入的互动,以亲情的温暖弥补智慧养老在人文关怀层面的不足。

同时,还应针对老年群体的特点,开发简洁易用的应用程序和智能设备,降低他们的使用门槛。通过举办线下培训课程、提供个性化指导等方式,加强老年人的智能知识学习与操作技能培训,帮助他们更好地融入智慧养老的新时代。

4. 数字鸿沟

老年群体作为社会的特殊群体,往往处于相对劣势的地位。他们在面对智能养老产品时,存在着明显的认知差异与困难。由于年龄、认知能力、身体状况等因素的限制,许多老年人对于智能养老产品以及依托互联网、人工智能等前沿技术的养老服务表现出较低的接受度和适应能力。这就是所谓的"数字鸿沟"。老年人常遇的"数字鸿沟"场景,见图1-7。

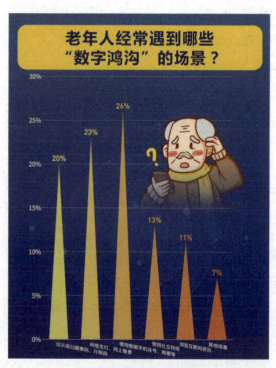

图1-7 老年人常遇的"数字鸿沟"场景①

---

① 新华社新媒体,2022年5月17日。

为了跨越数字鸿沟,需要采取一系列措施。首先,优化智能养老产品的设计,使其更加贴近老年人的实际需求和使用习惯。例如,开发具有大字体、语音交互等功能的智能设备,方便老年人使用。其次,加强农村地区的智慧养老服务建设,缩小城乡差距。通过政府引导、社会参与等方式,推动智能养老技术在农村地区的普及和应用。最后,通过教育培训提高老年人对智能技术的接受度和应用能力。例如,举办针对老年人的智能技术培训课程,帮助他们了解并掌握智能设备的基本操作和使用方法。

1.4.2 智慧养老中的社会责任

1. 保障隐私安全

企业和政府应携手合作,共同构建一个全面而有效的隐私保护机制。这要求加强隐私保护相关法律法规制度的建设和完善,确保老年人的隐私权益得到法律保障。同时,对所有收集到的老年人信息实施严格的加密存储,防止信息被非法泄露或滥用。此外,还需明确数据开放的具体对象及其使用目的、范围和方式,确保各方在遵循既定政策规范的前提下合理、有序地安排和使用这些数据。

企业作为数据的主要收集和使用者,应承担起更多的社会责任。它们应建立健全的数据管理制度和内部控制机制,加强对员工的数据安全培训和教育,确保数据的安全性和合规性。同时,政府也应加强对企业的监管和执法力度,对违反隐私保护规定的企业进行严厉处罚。

2. 明确责任体系

为了保障智慧养老产业的健康发展,必须构建一个权责明晰、各司其职的责任体系。在这个体系中,每个参与主体都应明确自己的权利和义务,并承担起相应的责任。

政府应加强对智慧养老产业的规划和引导,制定相关政策和标准,推动产业的健康发展。同时,加强对智慧养老服务机构和产品的监管力度,确保服务质量和安全性能符合标准要求。养老服务机构作为服务的提供者,应严格遵守相关法律法规和标准要求,提供优质、高效的养老服务。智能技术的研发者、产品的销售商以及最终的使用者等各个参与主体也应明确自己的责任和义务,共同维护智慧养老产业的健康发展。

此外,还需要通过签订详尽的合同协议来明确各方之间的风险承担机制和追责问责的具体流程。在合同中明确约定各方的权利和义务、服务标准、质量要求、违约责任等内容,为责任追究提供有力的法律依据。

3. 强化人文关怀

在智慧养老的浪潮中,不能忽视老年人的精神需求和人文关怀。应倡导以老为本的养老理念,强调在提供智慧养老服务的同时,高度重视并满足老年人尊严、情感、健康、文化娱乐等多维度的精神需求。

为了实现这一目标,需要采取一系列措施。首先,鼓励家庭成员与老年人保持频繁而深入的互动,以亲情的温暖弥补智能化养老技术在人文关怀层面的不足。政府和社会可以通过举办家庭养老讲座、提供家庭养老支持服务等方式,促进家庭成员与老年人的交流和互动。其次,针对老年群体的特点,开发简洁易用的应用程序和智能设备,激发老年人对智能化养老产品与服务的接受意愿和使用兴趣。最后,加强老年人的智能知识学习与操作技能培训,帮助他们克服技术障碍,更好地融入智能化养老的新时代。

4. 促进公平正义

在推进智慧养老服务的过程中,必须坚守社会资源分配公平、公正的原则,确保无论是农村还是城市的老龄人口,都能获得公正、合理的资源分配和服务保障。

为了实现这一目标,需要采取一系列措施。首先,优化智能化养老产品的设计,使其更加贴近老年人的实际需求和使用习惯,降低使用门槛和成本。其次,加强农村地区的智慧养老服务建设,通过政府引导、社会参与等方式推动智能化养老技术在农村地区的普及和应用。同时,加大对农村地区智慧养老服务的投入和支持力度,提高服务质量和覆盖范围。最后,通过教育培训提高老年人对智能技术的接受度和应用能力,帮助他们跨越数字鸿沟,享受智能化养老带来的便捷和福祉。

1.5 智慧养老未来展望

1.5.1 智慧养老产业发展趋势

随着我国人口老龄化的加速,智慧养老产业正以前所未有的速度蓬勃发展。某机构于2023年发布的《2024—2029年智慧养老产业现状及未来发展趋势分析报告》分析:近年来,在国内信息技术产业与健康养老产业深度融合的促进和支持下,2021年我国智慧养老市场规模已达6.1万亿元,2022年我国智慧养老市场规模约为8.2万亿元。预计2023年将达10.5万亿元,到2024年,有望超过13.5万亿元。见图1-8。这一趋势不仅得益于国家及地方政府相继出台的一系列扶持政策,如国务院办公厅印发的《关于发展银发经济增进老年人福祉的意见》,更离不开物联网、大数据、云计算、人工智能等技术的强力驱动。

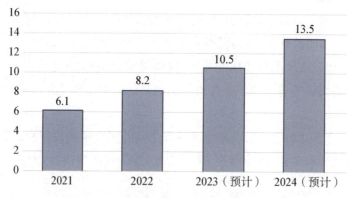

图1-8　2021—2024年智慧养老市场规模(万亿元)

1. 技术创新与应用深化

智慧养老产业的技术创新步伐不断加快,5G通信、虚拟现实(VR)、增强现实(AR)等前沿技术将逐步融入养老领域。想象一下,老年人通过VR技术,在家就能享受身临其境的社交和娱乐活动;5G技术则能确保远程医疗、紧急救援等服务的实时响应,大大提升养老服务的效率和质量。这些技术的应用,将为老年人带来沉浸式、个性化的养老体验。

2. 服务内容多元化

智慧养老产业正逐步向多元化、综合化的方向发展。除了传统的健康监测和照护服务,未来还将涵盖文化娱乐、教育培训、心理咨询等多个领域。通过提供丰富多彩的文化娱乐活动,满足老年人的精神需求;开展针对性的教育培训,帮助老年人学习新知识、新技能;提供专业的心理咨询服务,关注老年人的心理健康。这种全方位、多层次的养老服务体系,将极大提升老年人的生活质量和幸福感。

3. 产业生态完善

智慧养老产业将与医疗、健康、文化、教育等多个领域深度融合,共同构建一个开放、共享、协同的养老服务生态网。这种跨界融合的创新模式,将充分发挥各方资源与技术优势,实现优势互补、资源共享,为老年人提供更加全面、专业、贴心的养老服务。这种生态的构建,将推动智慧养老产业不断突破瓶颈,向更高层次、更广领域迈进。

4. 政策与标准完善

随着智慧养老产业的快速发展,政府将进一步完善相关政策和标准规范。一方面,出台更加具体的扶持政策,为智慧养老项目提供资金、税收等方面的优惠;另一方面,加强数据安全和隐私保护,确保老年人的个人信息和健康数据不被泄露或滥用。同时,还将制定行业服务标准,规范智慧养老服务的内容和质量,提升行业整体的服务水平。

1.5.2 智慧养老面临的挑战与应对策略

智慧养老面临技术普及与接受度低、数据安全与隐私保护难、服务质量监管不足及资金投入回报周期长等挑战;应对策略包括提升老年人技术接受度、加强数据安全管理、强化服务监管体系及拓宽资金来源渠道,以促进智慧养老的健康发展。

1. 智慧养老面临的挑战

(1) 人口老龄化速度加快

随着老年人口数量的快速增长,养老服务需求量也随之大增。然而,现有的养老服务设施和人员供应难以满足这种日益增长的需求。

(2) 技术普及与接受度低

老年群体对新技术的接受程度有限,智能设备和服务的使用存在困难,限制了智慧养老的普及和推广。

(3) 资源分配不均与人才短缺

城乡、区域间的养老设施和服务差距明显,智慧养老领域专业人才不足,服务质量受限。

(4) 隐私保护与数据安全

智慧养老产品涉及大量个人敏感信息的收集和处理,一旦泄露或被滥用,将对老年人的生活造成严重影响。

(5) 法律与政策支持滞后

相关法律法规的滞后性限制了智慧养老技术的广泛应用,影响了老年人的权益保障。

2. 智慧养老的应对策略

(1) 加强技术研发与产品创新

鼓励企业加大技术研发力度,优化产品设计,提高设备的易用性和安全性。同时,探索多元化的智慧养老服务模式,如远程医疗、智能照护等,满足老年人多样化的养老需求。

(2) 推动人才培养与队伍建设

高职院校应紧跟时代步伐,培育一批既精通信息技术又深谙老年照护知识的复合型人才。同时,加大对在职人员的职业培训力度,提升其专业素养与服务技能。

(3) 完善政策法规与监管体系

加速构建并完善相关法律法规体系,明确智慧养老服务的具体标准和各方主体的责任边界。建立健全高效的监管机制,对存在违规经营行为的企业依法严惩。

(4) 促进跨代沟通与家庭支持

通过前沿科技打破代际隔阂,引导年轻人参与到老年人的日常照护与陪伴中。政府与企业应推出更多家庭支持政策,减轻家庭在养老方面的负担。

(5) 强化隐私保护与数据安全

将隐私保护原则视为不可动摇的基石,严格遵循顶级的安全标准,确保老年人的敏感数据免遭非法获取或滥用。构建起一套全面而严密的数据管理与保护体系。

(6) 推动智慧养老与社区服务的融合

构建完善的社区养老服务网络,实现智慧养老与社区服务的深度融合。通过线上线下相结合的方式,提高养老服务的可达性和便利性。

(7) 鼓励社会资本投入与国际合作

政府应通过政策扶持等手段,积极吸引社会资本投入智慧养老领域。同时,借鉴国际上的成功经验,探索并发展具有本土特色的智慧养老模式。

1.5.3 智慧养老技术的创新方向

智慧养老技术创新聚焦前沿科技融合,如物联网、大数据、AI等,以实现智能健康监测、紧急响应与远程医疗服务。它强调个性化与定制化,旨在满足老年人多元需求。同时,通过跨界合作构建养老服务生态,并高度重视隐私保护与数据安全,确保技术应用的稳健与安全。这些创新方向将推动智慧养老技术的持续进步和广泛应用。

1. 智慧养老技术的创新实践

(1) 智能穿戴设备在健康监测中的应用

智能穿戴设备能够精准捕捉老年人的生理指标,并将数据实时上传至云端进行分析。一旦检测到异常波动,便会立即发送警报信息,确保老年人能及时获得医疗救助。

(2) 远程医疗服务在智慧养老中的实践

借助视频通话、在线问诊等手段,老年人无需出门就能接入专业医疗服务,为老年人提供便捷、高效的就医方式。远程医疗流程见图1-9。

图1-9 远程医疗流程

(3) 智能家居系统在智慧养老中的融合

智能家居系统通过语音控制、APP等智能化手段,为老年人打造一个便捷、安全的居住环境。系统还能根据老年人的生活习惯及健康状况,自动调整家居环境。

(4) 大数据在智慧养老中的应用

大数据技术通过对老年人多维度信息的深度分析和挖掘,为老年人提供精准化服务。平台能够实时监测并分析老年人的健康数据,准确预测健康风险,并提前采取干预措施。

2. 智慧养老技术的未来方向

(1) 深度融入前沿科技

智慧养老技术将继续深度整合物联网、大数据、云计算、人工智能等前沿科技,实现全天候、实时的健康监测和高度个性化的健康管理服务。例如,在智能家居和物联网中应用AI,可有效提高安全性、便捷性,见图1-10。

图1-10 AI在智能家居和物联网中的应用

(2) 个性化与定制化服务

借助大数据分析能力,智慧养老系统将更加深入地洞察老年人的需求,提供疾病的提前预防与个性化服务。同时,系统具备高度的灵活性与可扩展性,能够根据老年人的实际需求进行调整。

(3) 跨界合作与生态构建

智慧养老技术将深化与医疗、健康、文化、教育等领域的跨界合作,共同构筑一个开放、协同、共享的养老服务生态体系。这种跨界融合将激发智慧养老服务的创新活力,满足老年人多元化、个性化的养老需求。

(4) 注重隐私保护与数据安全

在智慧养老技术的创新过程中,隐私保护与数据安全始终是不可忽视的核心议题。必须坚守隐私保护的基本原则,不断加强数据安全防范措施,确保老年人的个人信息得到严格保护。数据安全与隐私保护的要求,见图1-11。

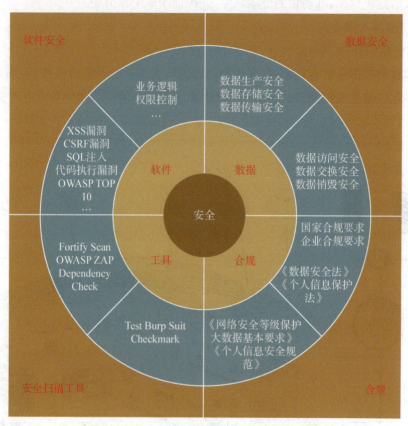

图 1-11 数据安全与隐私保护的要求

课后习题

一、单选题

1. 下列关于智慧养老的描述,哪一项最准确?（　　）
   A. 智慧养老仅指使用智能设备监测老年人健康
   B. 智慧养老通过科技手段提升老年人生活质量和服务效率
   C. 智慧养老仅适用于经济条件优越的老年人
   D. 智慧养老就是传统的养老服务加上互联网

2. 智慧养老中,远程医疗系统的主要作用是（　　）。
   A. 替代传统医疗机构　　　　　　　　B. 提供即时、便捷的医疗服务,减少老年人就医难度
   C. 仅用于紧急情况下的救援　　　　　D. 增加医疗机构的收入

3. 以下哪项不是智慧养老所涵盖的服务内容?（　　）
   A. 智能家居控制　　　　　　　　　　B. 社交娱乐活动组织
   C. 传统的手工缝制衣物服务　　　　　D. 健康数据监测与分析

二、思考题

1. 请解释"智慧养老"的概念,并至少列举三个智慧养老技术的实际应用案例。

2. 分析智慧养老相比传统养老模式的优势,并讨论这些优势如何帮助解决当前老龄化社会面临的

挑战。

3. 讨论在智慧养老服务的推广过程中,如何平衡技术创新与老年人接受度之间的关系,如何确保技术真正服务于老年人的实际需求。

4. 设想一个智慧养老社区的日常运营场景,描述科技如何融入老年人的日常生活,以及这种融合如何提升他们的幸福感和安全感。

5. 讨论智慧养老在保护老年人隐私和数据安全方面的挑战,并提出有效的隐私保护措施和数据安全管理策略。

模块 2

移动通信技术+养老关键技术分析

2.1 案例导读

案例 1   独居岁月:张大爷的健康守护与生活挑战

张大爷,78岁,独居并患有高血压、糖尿病等慢性疾病,身体状况虽相对稳定,但随着年龄增长,健康问题逐渐突出。尽管子女身在异地,无法常常陪伴,但他们始终挂念着张大爷。几年前,老伴因病去世,张大爷在这套充满回忆的房子里独自生活,孤独与焦虑时常困扰他。

张大爷每天按时服药、监测血压和血糖,但记忆力的下降常导致他忘记服药或忽视健康检查。前往医院也成了负担,繁琐的准备工作和偶尔的疏忽让就医变得更为困难,且多次因忘记服药而引发血压升高。医生反复叮嘱,但对于一个独居老人来说,这些健康管理变得越来越难。

张大爷深知家中跌倒的风险。曾有一次在卫生间跌倒,孤身一人艰难拨打急救电话,这让他更加担心如果再次发生跌倒,无法及时获得帮助。夜深人静时,他常为此忧虑不已。

案例 2   迷失的记忆:王阿姨的阿尔茨海默病之困

王阿姨,70岁,独居,患有阿尔茨海默病,记忆逐渐衰退,常常在外散步时迷失方向,忘记回家的路。她的女儿小刘是一名公务员,工作繁忙,尽管尽力陪伴母亲,但常无法全程照顾。每当母亲独自外出时,小刘总担心她会走失。

有一次,王阿姨在小区散步时迷失方向,孤独徘徊几个小时,直到路人报警,警方凭借有限线索找到她,并成功联系上小刘。当得知母亲走失的消息,小刘心急如焚,赶到派出所时紧紧握住母亲的手,感激与心疼交织。这次经历让她深刻意识到母亲独自外出的风险,并决定为母亲添置安全设备。

之前,小刘曾尝试在母亲衣服口袋里放联系方式卡片,但王阿姨常常忘记携带。她还购买了老人手机,但母亲不习惯使用,手机经常忘记开机或充电,最终未能解决问题。

张大爷与王阿姨的遭遇,如同一面明镜,深刻揭示独居老年人在健康监测、生活照料、社交娱乐以及安全防护等方面所面临的严峻挑战。根据研究,我国超过60岁的老年人中,约有八成至少患有一种慢性病,其中高血压和心血管病的患病率最高。例如,像张大爷这样的老年群体,长期与慢性疾病如高血压、糖尿病等作斗争,这需要他们坚持定期的身体监测与精准的药物治疗。然而,子女远行或自身行动力的减退,往往使这一日常任务变得异常艰巨。

幸运的是,移动通信技术,特别是第五代移动通信(5G)技术的飞速发展为此带来了转机。在健康管理方面,移动通信技术发挥着巨大的作用。随着智能穿戴设备技术的不断进步,这些设备已经能够无缝融入老年人的日常生活,提供24小时的连续监测,包括心率、血压等关键生理指标。它们利用先进的监测技术,如光电容积脉搏波描记法和心电信号法,能够实时捕捉用户的身体状态变化。这些数据通过移动通信技术即时同步至医生和家属,为远程医疗咨询和个性化健康管理方案的制定提供了坚实的数据支持。这种即时、精准的健康管理模式,为老年人筑起了一道坚实的健康防线。

在安全防护方面,移动通信技术也发挥着巨大的作用。老年人面临的跌倒、急病等突发状况,犹如悬顶之剑,时刻考验着我们的智慧与决心。随着移动通信技术与物联网的紧密交织,一系列创新产品如雨后春笋般涌现(见图2-1),其中智能跌倒检测系统与紧急呼叫装置尤为引人注目,它们如同老年人的贴身保镖,时刻守护安全。当老年人遭遇紧急情况,这些智能设备会即刻响应,如同守护天使般迅速行动,通过预设的紧急联系人网络,瞬间传递求救信号,极大地缩短了救援响应时间,有效降低了意外风险。同时,结合智能安防设备如智能门锁、监控摄像头等,构建起全方位、多层次的居家安全网,让老年人在享受自由的同时,也能得到周密的保护。

图2-1 基于移动通信等技术的安全监护设备

在生活照料、社交娱乐方面,移动通信技术同样展现出其独特的魅力。对于像王阿姨这样的独居老年人,智能手机和平板电脑不仅是通讯工具,更是连接亲情的桥梁,它们不仅让视频通话和在线聊天变得如同亲人就在身边般温馨,还极大地缓解了孤独感,使得爱与关怀能够无视距离,时刻温暖着彼此的心房。此外,针对老年人设计的适老化应用与服务层出不穷,从操作简易的新闻阅读、健康管理软件,到丰富多样的线上课程、兴趣社群,不仅为老年人提供了便捷的生活服务,更激发了他们学习新知识、追求新爱好的热情。

移动通信技术在智慧养老领域的典型应用见图2-2。

2.2 应用场景

移动通信技术注重实时通信和快速响应,通过高速网络与智能设备的结合,为老年人的健康管理、生

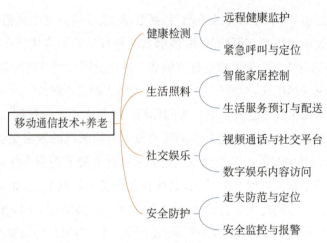

图 2-2　移动通信技术在智慧养老中的典型应用

活照料、社交娱乐和安全守护提供了全面的支持。

2.2.1　健康监测场景

1. 可穿戴设备实时监测

在现代养老领域,可穿戴设备结合 5G 技术和边缘计算,为老年人提供了前所未有的实时健康监测能力。这些设备,如智能手环、智能手表等,能够精准采集心率、血压、血氧等关键生命体征数据,并通过 5G 网络实现毫秒级的数据传输。边缘计算技术的应用,使得数据处理不再完全依赖云端,而是在本地终端完成初步分析,从而大大降低了数据传输的延迟,提高了监测的实时性和响应速度。

例如,某养老院部署了 5G 智能手环,这些手环内置了先进的传感器,能够实时监测老年人的心率、血压和血氧水平。当监测到异常数据时,手环会立即通过 5G 专网将数据传输到急救中心,并触发紧急呼叫。在一次实际应用中,一位老人在养老院内突然跌倒,智能手环在 0.8 秒内检测到异常并触发了紧急呼叫,急救人员迅速到达现场,及时进行了救治。这种快速响应机制不仅提高了老年人的安全性,还为家属和医护人员提供了极大的安心。

2. 远程医疗实时诊断

5G 技术的低延迟和高带宽特性,使得远程医疗诊断变得更加高效和可靠。通过 5G 切片技术,可以为远程手术提供专用的网络切片,确保控制信号的低时延传输,从而支持高精度的远程手术操作。此外,4K 医疗影像实时调阅系统,如 CT 和 MRI 数据,可以通过 5G 专网快速传输,医生可以远程实时查看高清影像,进行准确的诊断。

例如,某三甲医院通过 5G 网络为偏远地区的老年人进行远程超声诊断。医生在医院的控制室内,通过 5G 网络控制远程超声设备,实时获取高质量的超声影像,并进行详细的诊断。这种远程医疗技术不仅提高了医疗资源的利用效率,还为偏远地区的老年人提供了更加便捷和高效的医疗服务。

3. 应急响应系统

在紧急情况下,5G 技术结合定位系统和多模通信技术,为老年人提供了全方位的应急响应支持。基于 5G 定位的 SOS 一键呼救系统,能够实现亚米级的高精度定位,确保急救人员能够快速准确地找到需要帮助的老年人。此外,多模通信融合技术(5G+卫星通信)实现了全域覆盖,即使在信号不佳的偏远山区,也能确保求救信号的稳定传输。

例如,在山区迷路的某老人通过卫星定位手环发出求救信号,救援队在 20 分钟内迅速抵达现场。这种高效的应急响应系统,不仅提高了老年人在紧急情况下的生存率,还为家属提供了极大的心理安慰。

5G技术的稳定性和可靠性，使得这种应急响应系统在各种复杂环境下都能保持高效运行，为老年人的生命安全提供有力保障。

2.2.2 生活照料场景

在生活照料场景中，移动通信技术正以其强大的连接能力和智能化特性，为老年人的生活带来前所未有的便利与安心。

1. 智能家居系统：一键掌控，生活随心

借助移动通信技术，智能家居系统为老年人的生活开启了全新的便捷模式。通过手机APP，老年人可以随时随地远程控制家中的空调、热水器、灯光等设备。无论是在寒冷的冬日提前打开空调预热房间，还是在炎热的夏日提前开启热水器准备洗澡，亦或是在夜晚归家途中提前点亮家中的灯光，一切操作仅需在手机屏幕上轻轻一点，即可瞬间完成。

5G网络的低延迟特性确保了指令的即时响应，让设备控制如同近在咫尺般便捷，为老年人提供了舒适、便捷、智能化的生活体验。例如，老年人可以通过手机APP设置定时任务，让设备在特定时间自动运行，进一步提高生活的便利性。

2. 生活服务APP：一键下单，服务上门

移动通信技术为老年人的生活服务带来了极大的便利。通过生活服务APP，老年人可以轻松享受送餐、家政、医疗等多样化服务。只需在手机上轻轻一点，即可一键下单，服务信息通过高速网络瞬间传递至服务提供商。无论是定时的送餐服务，还是定期的家政清洁，亦或是上门的医疗护理，服务人员都能通过移动通信技术实时接收订单信息，并精准定位老年人的居住地址，确保服务及时、高效地送达。

这种"一键式"服务模式，让老年人无需出门即可满足日常生活的各种需求，极大地提升了生活品质。例如，一些生活服务APP还支持语音操作，老年人可以通过语音指令下单，进一步降低了使用门槛。

3. 智能门锁与安防：守护安全，安心生活

在保障老年人居住安全方面，移动通信技术同样发挥着至关重要的作用。智能门锁通过移动通信技术实现了远程操作功能，老年人可以通过手机APP随时随地查看门锁状态，远程为亲友开门，无需担心忘带钥匙或亲友来访时无法及时开门的困扰。

同时，家庭安防设备借助移动通信技术实现了实时监控功能，摄像头、门窗传感器等设备能够将家庭内部的实时画面和安全信息通过网络传输至云端，老年人及其家属可以通过手机随时查看家中情况，一旦检测到异常，系统会立即通过APP推送报警信息，确保老年人的居住环境安全无忧。

2.2.3 社交娱乐场景

移动通信技术不仅改变了人们的生活方式，更在精神滋养方面为老年人带来了福利。通过高速网络和智能设备的结合，老年人的精神世界得以极大丰富，孤独感得以缓解，社交互动更加便捷。

1. 视频通话：跨越距离的亲情连接

随着智能手机和平板电脑的普及，高清视频通话已成为老年人与家人、朋友保持紧密联系的重要方式。通过视频通话，老年人可以随时随地看到远方亲人的面容，听到熟悉的声音，仿佛跨越了距离的限制，拉近了彼此的心。这种面对面的交流不仅能够缓解孤独感，还能增强家庭成员之间的情感纽带。

例如，视频通话成为许多老年人与子女沟通的主要方式，有效减轻了因距离带来的思念。移动通信技术的高速网络确保了视频通话的流畅性和高清画质，让老年人能够享受到更加真实的交流体验。

2. 数字娱乐应用：多元化的精神享受

移动通信技术为老年人提供了丰富多彩的数字娱乐内容，极大地丰富了他们的精神生活。无论是传

统的戏曲、经典的电影,还是在线对弈等互动游戏,这些内容都可以通过移动设备轻松获取。数字娱乐应用不仅满足了老年人多样化的兴趣爱好,还通过个性化推荐系统,为他们量身定制感兴趣的内容,进一步提升了使用体验。

例如,短视频平台通过大数据推送,为老年人提供符合他们兴趣的视频内容,帮助他们在娱乐中找到归属感和认同感。移动通信技术的高速网络确保了这些内容能够快速加载和播放,让老年人能够享受到流畅的娱乐体验。

3. 社交平台:拓展社交圈,丰富精神世界

移动通信技术开发的社交应用,为老年人搭建了一个全新的社交平台。他们可以轻松加入各种兴趣小组,与志同道合的人交流互动,分享生活中的点滴。这种线上社交不仅打破了地域限制,还为老年人提供了更多拓展社交圈的机会。

例如,一些社区通过移动健康平台组织线上活动,鼓励老年人参与,帮助他们建立新的社会联系,增强心理支持。社交平台还通过算法推荐,帮助老年人发现更多感兴趣的话题和活动,进一步丰富他们的精神生活。移动通信技术的高速网络确保了这些社交活动的实时性和互动性,让老年人能够更加积极地参与其中。

2.2.4　安全守护场景

移动通信技术凭借其高效、稳定、智能的特性,在老年人的安全守护领域发挥了至关重要的作用。

1. 智能安防系统:实时监控与智能预警

借助移动通信技术,智能安防系统为老年人的家庭安全提供了全方位的保障。通过高清摄像头、烟雾报警器、门窗传感器等设备,系统能够实时监测家庭环境中的异常情况,如入侵、火灾、烟雾等。一旦检测到异常,系统会立即通过移动网络向家属发送警报信息,家属可以通过手机 APP 随时查看家中的实时画面,及时采取措施。

这种"实时监控+智能预警"的模式,不仅提升了家庭安全防范水平,还让家属能够随时随地掌握家中动态,确保老年人的安全。例如,智能摄像头可以通过移动通信技术实现夜视功能,即使在黑暗环境中也能清晰监控家庭内部情况。

2. 定位设备:守护记忆,防止走失

对于患有阿尔茨海默病的老年人来说,走失是一个常见的安全隐患。移动通信技术结合智能手环或定位装置,为这一问题提供了有效的解决方案。这些设备通过内置的 GPS、北斗等定位系统,能够实时追踪老年人的位置,并将数据传输到家属的手机或云端平台。家属可以随时查看老年人的位置信息,设置电子围栏,一旦老年人超出设定的安全范围,系统会立即发出警报,提醒家属及时采取措施。

这种定位设备不仅为老年人提供了贴身保护,也让家属更加安心。例如,在一些大城市,通过移动通信技术的定位服务,家属可以轻松找到走失的老年人,避免了因走失带来的安全隐患。

3. 紧急救援系统:快速响应,守护生命

在紧急情况下,时间就是生命。移动通信技术结合地理定位系统,为老年人提供了高效的紧急救援服务。当老年人遇到突发健康问题或危险情况时,可以通过智能设备的一键呼救功能,快速联系家属或急救中心。系统会在几秒内锁定老年人的位置,并将相关信息同步传输给急救人员,确保救援力量能够第一时间到达现场。

例如,在安徽淮北,中国移动利用 5G 网络和无人机技术,仅用 2 小时就成功找到一位走失老人,展现了移动通信技术在紧急救援中的强大能力。这种快速响应机制不仅提高了救援效率,还为老年人的生命安全提供了有力保障。

2.3 知识要点

2.3.1 "移动通信技术+养老"服务系统架构

"移动通信技术+养老"服务系统架构是面向未来智慧养老需求而设计的一种集成化解决方案。该系统以移动通信技术为核心驱动力，构建了一个全方位覆盖的服务体系，旨在显著提升老年人的生活品质与安全保障。

系统架构通常包括六个核心层次：基础层、网络层、支持层、应用层以及展示层，以及最终的用户层，如图2-3所示。

图2-3 智慧养老系统架构

① 基础层：作为智慧养老系统的坚实基石，集成了智能手表、智能床垫等健康监测设备，并依托高效光纤网络，实现老年人健康数据的精准捕捉与实时传输。

② 网络层：通过互联网、物联网和政务网等通信网络，将收集到的数据传输到数据中心。

③ 支持层：集成了平台系统接口、民政系统接口及卫生系统接口，为上层应用提供强有力的支撑。

④ 应用层：是智慧养老系统的核心，涵盖了机构养老系统、智能照护系统、民政监管系统及集团管理系统等多个关键应用，它们通过高效处理数据，为老年人提供全方位、个性化的养老服务。

⑤ 展示层：涵盖手机、PC端及信息大屏，全方位展示服务信息，提升用户体验。

⑥ 用户层：包括老年人、家属、医护人员、政府和相关机构人员，他们是服务的最终用户。

在这一架构中，移动通信技术发挥了关键性的作用。它不仅让老年人及其家人能够轻松通过智能手机、平板电脑等多样化终端设备接入系统，还为他们提供全方位的健康管理、紧急救援以及丰富的社交娱乐服务，极大地丰富老年人的生活。此外，移动通信技术赋能物联网传感器，持续追踪老年人的生活与健康状况，确保信息即时传达至照护人员及医疗机构，实现高效响应。

2.3.2 "移动通信技术+养老"的发展现状与趋势

随着5G技术的全面商用,移动通信技术在养老服务领域迎来更广泛的应用,开启智慧养老新篇章。例如,徐州移动助力丰县民政局搭建养老院监管服务平台,采用5G、大数据、人脸识别等先进技术,有效整合视频图像资源,促进点位互补、网络互联、平台互通,实现了全方位、全天候的监管。广州移动也推出了5G+智慧康养平台,为老年人提供更加优质、便捷、有尊严的养老服务。凭借5G技术高速率与低延迟的卓越特性,远程医疗与即时通讯等前沿服务得以高效实现,极大地提升了服务的便捷性与效率。此外,边缘计算等新技术也推动移动通信技术在养老领域发挥更大的作用。

1. "移动通信技术+养老"的发展现状

当前,"移动通信技术+养老"服务正依托先进的通信技术和多样化的智能设备,蓬勃发展,为老年人的生活带来了诸多便利和高效体验。在技术层面,随着5G网络的迅速普及,移动通信技术在养老服务领域的应用愈发广泛且深入。高速稳定的网络环境犹如坚实的基石,为数据传输提供了可靠保障,使得远程监控、在线诊疗等各类服务得以顺畅运行,毫无阻碍。

与此同时,云计算和大数据技术的巧妙应用,为养老服务开辟了新的天地。它们如同拥有超凡智慧的大脑,能够深入剖析并精准分析数以亿计的用户行为数据。通过对这些数据的细致剖析,能够更加精准地洞察老年人丰富多彩的需求。例如,系统通过监测发现,某位老人每日定时测量血压,且数据显示在特定时间段内波动显著,从而智能推断出老人可能需要加强健康监测,并主动提供个性化的医疗咨询。基于这样的深入了解,便能为每一位老年人量身打造个性化的服务方案,无论是健康管理计划、生活照料安排还是娱乐活动推荐,都能完美贴合每一位老年人的独特需求,真正做到因人而异、贴心服务。

设备方面,各种智能穿戴设备已然成为"移动通信技术+养老"服务中不可或缺的重要组成部分。以智能手表为例,它具备精准监测老年人心率、血压等关键健康指标的功能,如同一位贴心的健康小卫士,时刻关注着老年人的身体状况。某公司开发的血糖仪能够与该公司的健康APP或小程序以及医院端的信息数据实现互通,不仅在手机上可以及时查看每次测量的血糖数据,医院使用该公司的全院血糖管理系统时,也能监控到用户的居家血糖数据(见图2-4)。随着血糖监测技术的不断进步和市场渗透率的提升,系统能够提供个性化的在线控糖建议,并通过随访通知实现对糖尿病患者的持续健康管理。

图2-4 某公司的血糖监测系统

在高精度定位与紧急响应领域,智能手表内置尖端地理定位技术,一旦老年人在外遭遇不测,如公园散步时的意外跌倒,它能即刻锁定位置,并发出紧急求救信号,为老年人安全筑起一道坚实的保护屏障。苏州某公司研发的医疗定位网(见图2-5),从医院废弃物定位、医院资产设备和病患防走失三个维度来进行安防布控。系统结合无线射频识别技术、地理定位技术,基于地理信息系统(GIS)地图来实现对医院各类资产进行动态追踪与定位管理,可做到实时盘点、实时定位、对设备进行轨迹分析等功能。针对医院内的病患其可通过蓝牙与手机通讯,并借助手机中的卫星定位模块实现对患者的定位跟踪。

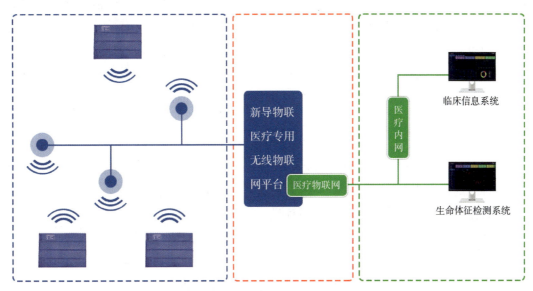

图2-5 某公司研发的医疗定位网

此外,智能家居系统的兴起也为老年人的生活带来了极大的便利。智能门锁让家门的安全性大幅提升,老年人无需再为繁琐的钥匙管理而烦恼,只需轻轻一按,即可轻松进出家门;同时,也为家人和护理人员提供了便捷的访问方式,老年人的居住安全得到全方位保障。烟雾报警器如同忠诚的卫士,时刻守护着家庭的安全防线。一旦烟雾入侵,它便迅速响应,以尖锐而清晰的警报声,第一时间唤醒沉睡中的老年人,并通知相关人员,确保老年人的生命与财产得到及时而有效的保护。而智能音箱更是老年人生活中的好帮手,它通过语音控制家电的功能,极大地简化了操作流程。老年人只需说出简单的指令,如"打开电视""关闭灯光"等,智能音箱就能准确理解并执行相应操作,让老年人轻松享受科技带来的便捷生活,即使是行动不便的老年人也能自如地控制家中设备,提升生活的舒适度和自主性。

移动通信技术还在远程医疗服务中发挥着举足轻重的作用。视频通话功能如同一座桥梁,连接了家庭与医院,让老年人无需承受长途跋涉的辛劳,只需在家中轻轻一点,便能享受到专业医生的在线咨询,体验科技带来的医疗便利。这种方式不仅减少了老年人去医院的次数,降低了途中的奔波劳累和感染风险,还为他们提供了更加及时的医疗服务。例如,老年人在身体出现不适时,可以通过手机或平板电脑与医生进行视频通话,医生可以直观地观察老年人的症状,询问病情,进行初步诊断,并给予相应的治疗建议。同时,一些便捷的APP和平台还提供了药品配送服务,进一步完善了远程医疗的闭环。老年人只需指尖轻点手机屏幕,所需药物便如同贴心使者般迅速抵达家门,让治疗过程变得轻松无忧,确保了健康管理既连续又便捷。

2. "移动通信技术+养老"的发展趋势

随着移动通信技术的融入,养老服务正在经历一场深刻的变革。例如,徐州移动通过搭建养老院监管服务平台,实现了对养老院的全方位、全天候监管,有效提升了养老服务的安全系数和质量。这一实践表明,移动通信技术不仅能够分担养老压力,还能提供更多就业机会,促进养老产业的健康发展。

首先,技术的迭代升级无疑成为推动服务质量飞跃的强大引擎。随着5G技术的深度普及与广泛应用,其带来的更高速度和更低延迟的卓越网络环境,已经开始在远程医疗服务中展现其潜力。例如,青岛大学附属医院利用5G技术成功完成了超远程泌尿外科手术,而山西白求恩医院也成立了脑起搏器5G远程治疗服务体系应用示范中心,这些案例展示了5G技术如何为医疗手术提供精准控制和远程调配,从而开启远程医疗服务的新篇章。高清视频会议如同面对面交流般真实流畅,医生与患者之间的沟通更加高效、精准;AR/VR远程医疗指导等前沿应用场景也将从想象变为现实,医生能够以更加直观、沉浸的方式为老年人提供远程诊疗服务,无论是复杂的病情诊断还是精细的康复指导,都能借助这些技术实现跨越空间的精准传递。与此同时,物联网技术的持续进步将引领智能家居设备迈入一个前所未有的智能新时代。这些智能设备,宛如贴心的生活伴侣,深入洞察并精准适应每位老年人的独特生活习惯。从细腻调节室内温湿度,到精心规划家居设备的运作时刻表,它们无微不至地关怀着每一个生活细节,确保每位老年人都能享受到量身定制的舒适与便捷,从而在温馨宜人的家居环境中,悠然自得地享受晚年生活的每一刻。

其次,AI技术正以磅礴之势逐步成为养老服务领域的核心驱动力,其蕴含的无限潜力将引发"移动通信技术+养老"服务模式的深刻变革。利用深度学习算法,AI技术能够对大量健康数据进行深入分析,为老年人提供个性化的健康监测和预警服务。例如,通过智能穿戴设备实时监测老年人的生命体征,AI系统能够及时发现潜在的健康问题,并为医护人员提供关键信息以进行早期干预和治疗。通过对老年人日常健康数据的持续监测和分析,AI可以及时发现细微的健康变化趋势,提醒医护人员和家属采取相应的措施,将疾病风险扼杀在萌芽状态。此外,智能机器人有望成为老年人日常生活中不可或缺的得力助手。它们不仅能够协助完成诸如打扫房间、整理物品等家务劳动,还能凭借精准的提醒功能,确保老年人按时用药,不错过任何一次重要的治疗环节。更为重要的是,智能机器人不仅提供情感陪护,还通过温馨的交流陪伴老年人度过闲暇时光,显著缓解其孤独感,给予心灵上的慰藉与温暖,成为他们生活中不可或缺的贴心伴侣。

再次,跨行业合作汇聚多方资源,为"移动通信技术+养老"服务的蓬勃发展注入了新的动力,成为其持续壮大的重要源泉。医疗健康、通信、互联网等多个行业将打破壁垒,进行深度协作,共同探索创新的养老服务模式,携手开发出更多具有创新性和前瞻性的养老服务产品。以保险公司为例,他们正积极谋划,准备推出一系列与健康数据紧密融合的保险产品。这些产品将不再仅仅局限于传统的保险保障功能,而是通过与移动通信技术和健康监测设备的联动,实时获取老年人的健康数据,为老年人提供个性化的健康管理方案和风险评估服务。同时,根据老年人的健康状况和生活习惯,定制专属的保险费率和保障范围,激励老年人更加积极地关注自身健康,主动参与健康管理活动,从而实现保险服务与健康管理的有机结合,为老年人提供更加全面、贴心的保障。这种跨行业合作模式将充分发挥各行业的优势资源,实现产业链的深度融合和协同发展,为"移动通信技术+养老"服务注入新的活力和创造力。

最后,政策支持和社会参与度的提高将是"移动通信技术+养老"服务未来发展的坚实基石和关键保障。政府将持续加大对养老服务领域的政策扶持力度,出台一系列鼓励技术创新和服务模式创新的优惠政策。一方面,通过设立专项科研基金,支持企业和科研机构开展针对老年人需求的移动通信技术研发和应用创新,推动养老服务技术的不断升级和突破;另一方面,加强对养老服务市场的规范和引导,建立健全相关法律法规和行业标准,保障老年人的合法权益和服务质量。政府将强化老年群体的信息技术教育,增加培训资源投入,策划多元化培训项目,普及移动通信技术与智能设备操作知识,助力老年人跨越数字障碍,无缝融入数字化养老新生态。

2.3.3 "移动通信技术+养老"的优势与挑战

1. "移动通信技术+养老"的优势

在当前的数字化时代,"移动通信技术+养老"模式的提出,为老年人的养老生活带来了革命性的改变。这一模式充分利用了移动通信技术的便捷性和高效性,为老年人提供了一个全方位的健康监护和生活照料解决方案。非接触式监护技术革新显著,利用智能手表、健康监测仪等智能设备,持续追踪老年人心率、血压、血糖等关键指标,即时云端同步至医疗团队或家属,确保监护既及时又精准。此方式不仅有效降低了对老年人的侵扰,还显著提升了监护的时效性和精确度。

此外,移动通信技术内置的即时响应系统,让老年人在紧急关头能迅速通过智能设备的一键呼救或自动报警功能,与亲人或救援服务取得联系,确保援助的即时到位。这一点对于独居老年人来说尤其重要,它极大地提高了他们的安全感。同时,移动通信技术还为老年人提供了便捷的通讯手段,通过视频通话、即时消息等功能,老年人可以轻松地与外界保持联系,减少了孤独感,提高了生活质量。

更加重要的是,"移动通信技术+养老"模式还可以提供个性化的养老服务。通过分析老年人的健康数据和生活习惯,服务提供者可以为老年人提供定制化的健康管理计划、康复建议和生活照料服务。这不仅提高了服务的效率,也使得服务更加贴合老年人的实际需求。此外,这一模式还可以与智能家具、智能社区等其他智能化服务相结合,为老年人打造一个更加智能、便捷、舒适的生活环境。

2. "移动通信技术+养老"的挑战

尽管"移动通信技术+养老"模式具有诸多优势,但在实际应用中也面临着不少挑战。在"移动通信技术+养老"模式中,隐私与安全问题尤为突出,如同悬在头顶的达摩克斯之剑。随着个人健康数据的大量产生和传输,确保数据安全和隐私成为关键挑战。根据有关隐私安全评测报告,智能手机安全状况堪忧,尤其是移动应用的越界抓取用户隐私行为。此外,智慧养老项目中数据采集与隐私保护问题显著,如何在采集和处理数据的同时保护老年人的隐私权益,是亟待解决的问题。因此,采取有效的数据加密、访问控制、数据备份与恢复策略,以及审计和监控机制,对于防止数据泄露和滥用至关重要。

技术的普及程度与老年人使用门槛的跨越,成为推广"移动通信技术+养老"模式时不可忽视的另一大挑战。尽管移动通信技术为养老服务带来了诸多便利,但老年人在接受和使用新技术时仍面临诸多挑战。一些老年人可能因为视力、听力或认知能力的下降,而难以操作复杂的智能设备。此外,智能设备的价格也可能成为老年人使用这些服务的障碍。因此,如何降低技术的门槛,使更多的老年人能够方便地使用这些服务,是推广"移动通信技术+养老"模式必须考虑的问题。

此外,人性化与人机交互体验也是"移动通信技术+养老"模式需要重点关注的问题。许多智能设备和服务在设计上并未充分考虑老年人的生理和心理特点,导致用户体验不佳。智能手机上的字体设置默认偏小,给视力不佳的老年人阅读带来困难;同时,部分 APP 的导航设计复杂繁琐,也让老年人感到困惑。因此,设计更加人性化、操作简便的产品和服务,对于提升老年人的接受度和满意度具有关键作用。

最后,法律法规与伦理问题也是"移动通信技术+养老"模式必须面对的挑战。随着这一模式的发展,相关的法律法规和伦理问题也日益凸显。例如,如何确保老年人的个人数据安全,防止信息泄露?服务提供者在收集、使用老年人数据时,应承担哪些明确的责任和义务?同时,如何在尊重老年人自主权的同时,合理保护其隐私权,避免过度干预?这些都是需要通过法律法规来明确和规范的问题。同时,也需要加强伦理教育和引导,提高服务提供者和老年人的伦理意识,确保"移动通信技术+养老"模式的健康发展。

2.4 知识拓展

2.4.1 移动通信技术概述

移动通信技术指的是通过无线通信网络实现信息传输的技术体系,它使得用户在任何时间、任何地点都能进行语音通话、数据传输、视频通信等信息交流。与传统的固定通信网络不同,移动通信利用无线电波在不同的频段上进行信号传输,能够支持设备的自由移动,具有高度的灵活性和广泛的应用场景。移动通信技术,作为现代信息社会的基石,已经深刻影响了全球每一个角落。截至2024年年初,全球人口数量达到了80.32亿,其中绝大多数人都拥有自己的手机。根据国际电信联盟的粗略统计,大约每100人里,就有86人至少拥有一台手机,总计约60亿台手机,仅中国地区就占了10亿的份额。这意味着无论是在繁华都市还是偏远乡村,用户都能享受到移动通信带来的便利,包括语音通话、数据传输和视频通信等多样化服务。此外,全球移动宽带用户数量接近12亿,与固话宽带用户量的比率已达2∶1,这进一步证明了移动通信技术的普及和重要性。从1G到5G,乃至Wi-Fi技术的不断演进,移动通信技术经历了从模拟到数字、从低速到高速、从单一功能到综合应用的飞跃式发展。

在技术层面,移动通信技术的每一次升级都伴随着关键技术的突破和创新。从1G时代的模拟信号传输,到2G时代的数字信号与短信功能的引入,再到3G时代的数据传输速率大幅提升,支持视频通话和移动互联网应用,移动通信技术如同破晓的曙光,不断驱散技术的阴霾,为用户绘制出一幅幅绚烂多彩的通信图景。进入4G时代,移动通信技术更是实现了质的飞跃,不仅传输速率大幅提升,还具备了更低的延迟和更高的系统容量,为高清视频、在线游戏、移动支付等应用提供了强有力的支持。5G技术的问世,将移动通信推向新高,凭借超高速率、超低时延、超大连接数,为物联网、自动驾驶、远程医疗等领域开辟了无限可能。

随着移动通信技术的不断进步,智能手机市场经历了显著的变革。从早期的"大哥大"手机到现在的智能手机,设备不仅在外观设计上发生了翻天覆地的变化,而且在功能上也实现了巨大的飞跃。智能手机——现代科技之果,已深度融入日常,作为沟通桥梁及娱乐、学习、工作的全能伙伴,集通话、短信、影像、音乐、游戏等功能于一体,实现"一机在手,世界尽在掌握"的便捷与多彩。此外,随着物联网技术的兴起,各种智能穿戴设备、智能家居设备等也如雨后春笋般涌现出来,通过移动通信网络,这些设备实现互联,为用户带来前所未有的便捷与智能生活体验。

移动通信技术因其强大的信息传递能力和广泛的应用领域,在推动社会和经济进步以及提升民众生活质量方面发挥了关键作用。根据有关报告,到2023年年底,全球有56亿人订阅了移动服务,占全球人口的69%。移动技术和服务对全球GDP的贡献率达到5.4%,经济增加值达5.7万亿美元,并提供了约3500万个就业岗位。

2.4.2 移动通信技术的发展历程

1. 1G(第一代移动通信技术)

20世纪80年代初出现,采用模拟技术,传输速率低,安全性差,主要代表性技术包括美国的类比式移动电话系统(Advanced Mobile Phone System,AMPS)和英国的数字通信技术(Code Division Multiple Access,CDMA)。这一时期的代表设备是"大哥大"手机。

2. 2G(第二代移动通信技术)

起源于20世纪90年代初期,引入数字信号技术,保密性强,标准化程度高,代表技术有全球移动通信系统(Global System for Mobile Communications,GSM)和CDMA。自2G时代起,手机不仅实现了语音通话,还首次具备了上网浏览网页和发送短信的便捷功能,极大地丰富了人们的通讯方式。

3. 3G(第三代移动通信技术)

21世纪初成为主流,引入了高速数据传输和互联网接入,支持视频通话、音乐、游戏等多媒体应用。主要通信协议包括UMTS和CDMA 2000两大标准。

4. 4G（第四代移动通信技术）

实现了数据、音频、视频的快速传输，具有更高的数据传输速度和更低的延迟。主要使用长期演进技术（Long Term Evolution，LTE），为移动互联网的广泛普及奠定了坚实的技术基石。

5. 5G（第五代移动通信技术）

在 3G 网络建成之前，出现了多种过渡性技术，如通用分组无线业务（General Packet Radio Service，GPRS）、增强型数据速率 GSM 演进技术（Enhanced Data Rate for GSM Evolution，EDGE）等，提高了数据传输速率。5G 自 2019 年商用以来，显著提升了数据传输速度、降低了延迟，并扩大了网络容量。截至 2025 年，5G 网络已基本实现全国地级及以上城市、县城城区和重点乡镇覆盖。5G 基站的覆盖范围大约在 300～500 米之间，这使得在城市区域，5G 基站的部署密度接近 4G。5G 技术的这些特性不仅支持大规模设备的高效互联，还推动了物联网、智慧城市等前沿领域的快速发展，如工业物联网的扩展、实时数据的提供以及自动驾驶汽车的实现。

6. 6G（第六代移动通信技术）

目前仍处于研究和发展阶段，预计将实现全球无缝覆盖，促进互联网的进一步发展，实现"万物互联"的终极目标。

2.4.3 移动通信关键技术

未来，移动通信将在更多领域发挥重要作用，如低空经济领域、通感技术、通信感知一体化等，推动社会进步和经济发展。为了实现这一目标，移动通信技术依赖于多项关键技术的支持，这些技术确保了系统的高效运作和日益增长的应用需求。

1. 蜂窝网络技术

通过将服务区域划分为多个小区域（蜂窝），每个区域由一个基站提供服务，实现了资源的有效利用和用户的无缝切换。

2. 调制解调技术

作为数字与模拟信号之间的桥梁，不仅实现了信号的转换，更在传输与接收端确保了信号的精准还原。随着技术的发展，调制解调技术也在不断演进，提高了数据传输的效率和可靠性。

3. 信道编码技术

通过增加冗余信息来提高数据传输的可靠性，减少传输错误。常用的信道编码技术包括卷积码、Turbo 码和 LDPC 码等。

4. 功率控制技术

采用 CDMA 系统核心技术，通过自干扰系统解决信号发射远近造成的"远近效应"，提高通信质量。

5. 软切换技术

在移动通信中，当用户从一个基站移动到另一个基站时，软切换技术确保用户在基站间移动时，通话连接能够无缝切换，显著降低通话中断率。

6. 物联网技术

深度融合移动通信与智能设备，编织出一张物物相连、人物互动的庞大网络，不仅为智能家居带来了前所未有的便捷，更为智慧城市的智能化发展奠定了坚实的技术基石。

2.5 创新案例:5G+VR 远程探视系统

2.5.1 系统概述

随着年龄的增长,老年人对情感陪伴和家庭关怀的渴求愈发强烈。传统探视方式受时间、空间及健康限制,难以满足老年人与家人的情感交流需求。在此背景下,某科技企业携手多家养老机构、通信运营商及医疗单位,开发了 5G+VR 远程探视系统(见图 2-6),该系统利用高速移动通信和虚拟现实技术,为老年人带来沉浸式远程探视体验。

图 2-6　5G+VR 远程探视系统

系统凭借 5G 网络的高带宽和低时延优势,与 VR 设备的沉浸式交互相结合,实现了高清视频的无缝传输和即时互动。家属仅需佩戴 VR 头显,便能如同亲临现场般进入老年人的生活空间,享受面对面的亲密交流。同时,系统还支持多终端接入,包括智能手机、平板电脑等,确保不同用户群体的便捷使用。系统架构见图 2-7。

系统采用"端—网—云—用"四层架构设计,借助智能终端(如 VR 头显、穿戴设备)实现沉浸式交互,并实时采集数据。依托 5G 网络(带宽不低于 100 Mbps,时延小于 20 ms)及边缘计算节点,构建出高效的数据传输通道。在云端平台上,集成了视频处理(采用 H.265 编码)、健康监测(AI 智能预警)及情感分析(微表情精准识别)三大核心引擎,最终通过移动应用(家属 APP)和管理系统(养老院后台)实现服务的全面落地。系统采用模块化设计,支持与远程医疗平台的无缝对接,形成了一套集"实时交互—健康监护—智能预警"于一体的智慧养老解决方案,在保证系统可靠性的同时实现了服务场景的全面覆盖。

2.5.2 核心功能与技术亮点

1. 沉浸式亲情互动

(1)超高清全景探视

系统采用 8K 超高清 VR 摄像机,支持 360°全景拍摄,确保家属通过 VR 设备看到老年人生活场景的实时动态,细节清晰可见。相比传统 4K 技术,8K 画质提升了 4 倍,提供更加逼真的视觉体验。

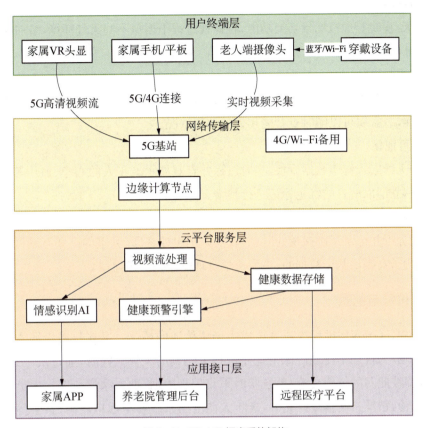

图2-7 5G+VR探索系统架构

（2）低延迟实时互动

利用5G网络的超低延迟特性（空口时延低至1ms），家属可以通过VR设备与老年人进行实时互动，包括语音交流、表情捕捉和手势互动，彻底消除传统视频通话的"卡顿感"，让探视如同亲临现场。

（3）特写与全景结合

系统支持灵活切换特写与全景视角，使家属既能全面概览养老院环境，又能细致入微地观察老年人的表情变化和身体状况。

2. 远程康复训练

（1）动作捕捉与指导

康复师通过VR界面实时观测老年人动作，运用虚拟标记技术在关节处叠加角度指示，同时录制标准动作视频，供老年人随时复习和练习。

（2）训练数据追踪

系统精准记录训练时长、关节活动范围等关键数据，自动生成康复进度图表，并结合AI模型预测训练效果，智能优化训练计划。

（3）异常动作预警

当检测到老年人动作幅度超过安全阈值（如弯腰角度大于60°），系统自动触发语音提醒并通知家属。

3. 环境感知增强功能

（1）环境参数实时监测

同步显示室内温湿度、光照强度，支持设置舒适阈值。当环境参数超标时，系统自动联动智能家居设备调节（如开启加湿器）。

(2) 多模态场景切换

提供晴天/雨天/夜晚等虚拟场景切换功能,在探视过程中模拟不同天气环境,增加互动趣味性。

4. 健康数据可视化与管理

(1) 实时健康数据共享

系统与养老院的医疗设备(如心率监测仪、血压计等)无缝对接,实时采集老年人的健康数据,并通过5G网络传输至家属端,家属可以随时查看老年人的健康状况。

(2) 健康数据可视化

在虚拟场景中无缝嵌入健康数据看板,实时追踪并直观展示老年人的心率、血压等关键生命体征,一旦检测到异常数值,立即以醒目的红色标记进行预警。

(3) 亲情互动记录

系统能够智能分析并记录每次探视的时长,以及识别出如客厅、卧室等高频互动区域,进而生成详尽的亲情互动报告,为子女提供基于数据的、更为科学合理的探视安排建议。

2.5.3 应用价值与前景

在养老院场景中,5G+VR远程探视系统成为亲情传递的桥梁。家属只需借助该系统,便能随时随地"亲临"养老院现场,为行动不便或卧床的老年人送去特别的关怀。同时,通过沉浸式体验老年人的生活环境,进一步加深彼此间的情感交流;系统实时采集健康数据,助力家属与医护人员把控老年人健康,还支持远程医疗会诊,精准诊断治疗。此外,老年人能借助系统参与虚拟旅游、聚会等社交活动,极大地丰富精神世界,有效缓解孤独感。

居家养老场景下,借助5G+VR远程探视系统,家属可随时"走进"老年人家中陪伴,紧急时刻迅速了解状况并提供帮助。在社区养老场景里,老年人利用5G+VR远程探视系统可参与社区组织的各类虚拟活动,如健康讲座、兴趣小组,增强社区归属感。

此外,5G+VR远程探视系统还广泛应用于婴儿护理、重症监护、手术协作与教育等方面。

如图2-8,在新生儿病房,5G+VR远程探视系统让家属如临其境,实现沉浸式陪伴,有效缓解妈妈的焦虑,为新生儿护理增添情感慰藉,促进宝宝健康成长。

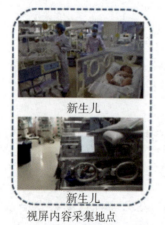
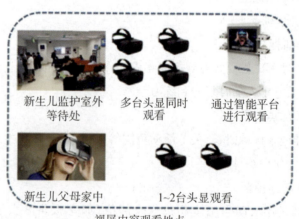

图2-8 新生儿探视护理

如图2-9,针对ICU病房,5G+VR远程探视系统凭借超高分辨率与360°全景功能,让家属实时全面掌握病人状况,实现双向互动,仿佛亲临现场,极大提升了重症监护的人文关怀水平。

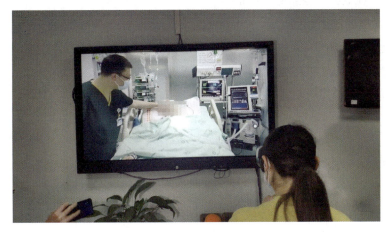

图 2-9　ICU 病房探视

课后习题

一、单选题

1. 移动通信技术在养老服务中主要用于提供哪些服务？（　　）
   A. 仅限紧急呼叫　　　　　　　　　　　B. 仅限视频通话
   C. 远程健康监护、紧急呼叫响应、无障碍通讯　　D. 仅限网络娱乐
2. 张大爷使用的技术设备中最可能包括以下哪项？（　　）
   A. 智能床垫　　　B. 智能烤箱　　　C. 智能电视　　　D. 智能洗衣机
3. 王阿姨的案例中，使用的技术设备主要解决了什么问题？（　　）
   A. 健康监测　　　B. 紧急响应　　　C. 记忆衰退　　　D. 家居控制
4. 5G 技术在养老服务中带来的主要优势是什么？（　　）
   A. 更高的数据传输速度　　　　　　　B. 更低的通信成本
   C. 更少的设备兼容问题　　　　　　　D. 更少的网络覆盖区域
5. 远程健康监护系统通过什么方式收集老年人的健康数据？（　　）
   A. 手动输入　　　　　　　　　　　　B. 智能设备自动收集
   C. 纸质问卷　　　　　　　　　　　　D. 电话访谈
6. 智能跌倒检测系统在检测到老年人跌倒后会执行哪些操作？（　　）
   A. 自动重启　　　　　　　　　　　　B. 关闭设备
   C. 发送警报至紧急联系人　　　　　　D. 打开电视
7. 移动通信技术在智慧养老体系中不包含以下哪项功能？（　　）
   A. 在线医疗咨询　　　　　　　　　　B. 非紧急电子支付（如购物支付）
   C. 健康数据同步　　　　　　　　　　D. 紧急救援定位
8. 王阿姨的智能归家之路案例中，她的智能手环主要提供哪些功能？（　　）
   A. 计步和心率监测　　　　　　　　　B. 地理定位和紧急呼叫
   C. 音乐播放和视频通话　　　　　　　D. 天气预报和新闻更新
9. "移动通信技术＋养老"服务系统架构中，展示层通常包括哪些设备？（　　）
   A. 手机和 PC 机　　　　　　　　　　B. 微波炉和洗衣机
   C. 智能手表和智能药盒　　　　　　　D. 智能血压计和血糖仪

10. 移动通信技术在老年人健康管理中的综合应用,主要体现在(　　)。

A. 仅限于提供简单的健康数据记录

B. 仅限于远程医疗咨询

C. 仅限于紧急情况下的呼叫功能

D. 包括上述功能在内的多个功能

二、思考题

1. 在"移动通信技术＋养老"服务系统中,如何确保老年人的数据安全和隐私保护?

2. 随着移动通信技术的发展,未来"移动通信技术＋养老"服务系统可能会面临哪些新的挑战和机遇?

模块 3

云计算技术+养老关键技术分析

3.1 案例导读

案例 1　　　　　　　　老张的健康档案之困

在远离城市喧嚣的小镇养老院,老张长期患有高血压和糖尿病,每天早晨,他都会测量血压和血糖,认真记录在一个小本子里。然而,随着时间的推移,这个记录本逐渐泛黄、磨损,字迹模糊不清,导致部分数据无法辨认。一天,老张突感不适,被送到医院检查,医生发现他的健康记录不准确、不全面,难以为其制定正确的治疗方案。

回到养老院后,照护员小李试图通过查阅档案室的老张健康资料来了解病情,但这些资料同样存在问题,部分文件模糊、混乱,缺乏系统性,难以为老张制定有效的护理计划。由于没有云计算技术的支持,养老院在管理健康数据时面临着诸多困难,老张和工作人员都感到困惑和无力,期待能找到更有效的解决办法以提供更准确的健康护理。

案例 2　　　　　　　　李大爷的艰难就医之路

在一个宁静的小镇上,李大爷独自生活,患有多种慢性疾病,行动不便。一天,他的病情突然急剧恶化,感到呼吸困难,几乎无法站立。尽管他艰难地拨通了社区诊所的电话,医生判断李大爷情况危急,但诊所无法提供足够的医疗支持。急救设备准备好后,医生联系了救护车送李大爷前往市区医院。由于距离远,救护车迟迟未到,李大爷的病情不断加重。最终,救护车赶到并将他送至医院,但经过数小时的抢救,李大爷的生命虽然暂时保住,身体却受到了严重损伤……

老张与李大爷的遭遇,如同一面镜子,深刻映照出当前养老领域亟待解决的诸多难题与挑战。首先是健康数据管理混乱,传统纸质记录方式导致数据易模糊、缺失且不规范,难以准确反映健康状况,为医护人员诊断带来极大困难。其次是医疗服务可及性差,偏远地区如张爷爷所在小镇,医疗资源匮乏,急救响应慢,缺乏远程医疗服务,老年人突发疾病时无法及时获得有效救治。最后是医护工作效率受限,信息获取与沟通不畅,工作协同困难,资源调配不合理,影响了对老年人的健康护理和紧急救援效果。

如果应用云计算技术,这些问题就会得到妥善的解决。云计算技术正引领一场健康养老模式的革新:在健康数据管理方面,能实现智能设备自动采集数据并实时上传云端,进行安全存储和整合,通过数据分析提供健康预警和个性化方案。远程医疗服务上,支持远程诊断与会诊,让老年人随时随地获得专业医疗服务,还能进行远程健康指导和紧急救援响应。医疗资源协同管理通过云计算技术,彻底打破信息孤岛,实现资源的无缝共享与高效协同,不仅优化了资源调配,还为医护人员构建了持续学习与成长的平台,从而全方位提升健康养老服务的品质与效率。"云计算技术＋养老"的应用,见图3-1。

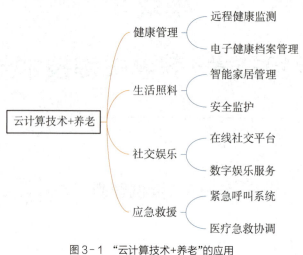

图3-1 "云计算技术+养老"的应用

3.2 应用场景

云计算技术为老年群体带来了更为智能化、个性化以及高效的养老服务。凭借其卓越的云端存储、数据处理和资源整合能力,云计算技术在健康管理、生活照料、社交娱乐和应急救援等领域展现了其独特的优势。

3.2.1 健康管理场景

1. 电子健康档案云端存储

在养老领域,云计算技术为电子健康档案的管理提供了强大的支持。通过分布式存储架构,健康数据可以在多个地点进行备份,确保数据的安全性和完整性。这种架构不仅提高了数据的可靠性,还使得数据在遭受自然灾害或人为灾害时能够快速恢复。

基于区块链的健康数据存证系统进一步增强了数据的可信度和不可篡改性。区块链技术通过分布式账本记录每一次数据的修改和访问,确保数据的透明性和安全性。例如,某省建立了省级养老云平台,整合了200万老年人的健康数据。该平台通过分布式存储架构,将数据存储在多个数据中心,确保数据的高可用性和容灾能力。同时,区块链技术的应用使得每一次数据的修改都有迹可循,为数据的完整性和可信度提供了有力保障。

2. 慢性病趋势分析

慢性病管理是养老领域的重要组成部分。通过机器学习算法,云计算平台能够对海量健康数据进行深度分析,预测老年人患糖尿病、高血压等慢性病的风险。这种预测能力不仅帮助医护人员提前干预,还能为老年人提供个性化的健康管理建议。

例如,某养老机构通过分析20万份血糖数据,系统提前3个月预警糖尿病风险。这种预警机制使得医护人员能够及时调整老年人的饮食和用药方案,有效降低了糖尿病的发病率。此外,用药提醒系统与电子处方数据库的关联,确保老年人按时按量服药,进一步提高慢性病管理的效果。

3. 医疗资源协同

云计算技术在医疗资源协同方面也发挥了重要作用。通过云平台，可以实现区域医疗资源的调度和优化，提高急救效率。例如，云平台可以实时监控各医院的急救资源使用情况，并动态调整急救路线规划，确保患者能够以最快速度得到救治。

跨医院电子病历共享系统进一步打破了信息孤岛，使得不同医院之间的医疗数据能够无缝共享。例如，某养老机构通过云平台实现了与三家医院的电子病历互通。当老年人需要转诊或紧急救治时，医生可以实时查看其完整的病历和健康数据，制定更加科学的治疗方案。这种协同机制不仅提高了医疗资源的利用效率，还为老年人提供了更加连续和高质量的医疗服务。

3.2.2 生活照料场景

1. 智能家居管理

云计算技术支持智能家居管理和安全监护。通过云端平台，可以集中管理家中的智能设备，实现远程控制和自动化操作。云计算平台的强大数据处理能力可以学习老年人的生活习惯，自动调整家居设备的设置，提供更加个性化的服务。

例如，老年人可以通过手机应用远程开启空调，确保回家后室内温度适宜。或者在睡前通过智能音箱关闭所有灯光，而无需起床。云计算平台还可以根据室内外的温度、湿度等环境参数，自动调节空调、加湿器等设备，保持室内环境的舒适。

此外，云计算平台可以整合家庭能源管理系统，优化设备的运行时间，降低能耗。例如，系统可以根据老年人的作息时间，自动关闭不必要的设备，实现节能减排。这种智能家居管理方式不仅提高了生活的便利性，还有助于环保和可持续发展。

2. 安全监护

云计算技术还可以支持安全监护系统，实时监控老年人的居住环境，预防意外事故的发生。通过整合多种传感器数据，云计算平台可以对家庭环境进行全面监控，并在异常情况发生时及时发出警报。例如，当家中发生火灾时，智能烟雾探测器可以立即将警报信息发送至云端，并通知紧急联系人。

此外，走失防范与定位功能也能帮助家属快速找到走失的老年人。例如，当老年人在外走失时，智能穿戴设备可以自动发送警报给紧急联系人，并提供老年人的实时位置信息，以便快速救援。

云计算平台还可以通过数据分析，识别老年人的异常行为模式。例如，当老年人长时间未活动或活动轨迹异常时，系统会自动发出警报，提醒家属或护理人员及时关注。这种安全监护机制为老年人的生活安全提供了有力保障。

3.2.3 社交娱乐场景

1. 在线社交平台

云计算技术为老年人提供了在线社交平台，使他们能够与家人、朋友保持紧密联系。借助智能手机或平板电脑，老年人可以随时随地与远在他乡的亲人进行面对面的交流，分享生活中的点滴。

云计算平台的强大数据处理能力可以支持高清视频通话和实时互动，确保老年人与亲友的交流顺畅无阻。此外，平台还可以提供多种互动功能，如共享照片、视频和文字信息，增强老年人的社交体验。

例如，老年人可以通过视频通话与孙子孙女进行互动，观看他们的成长过程，享受天伦之乐。或者通过社交平台与老朋友保持联系，分享彼此的生活经历和兴趣爱好。这种社交方式不仅有助于老年人保持积极的心态，还能预防孤独感和抑郁症的发生。

2. 数字娱乐服务

云计算技术还为老年人提供了丰富的数字娱乐内容访问。通过互联网,老年人可以访问各种在线游戏、电子书、音乐和视频等。云计算平台可以根据老年人的兴趣和偏好,提供个性化的娱乐内容推荐。

例如,老年人可以通过在线游戏锻炼思维能力和反应速度,通过电子书和音乐陶冶情操,通过视频了解世界各地的风土人情。云计算平台还可以通过数据分析,识别老年人的兴趣变化,并及时调整推荐内容,确保老年人始终能够获得符合个人兴趣的娱乐体验。

此外,云计算平台可以整合虚拟现实(VR)和增强现实(AR)技术,为老年人提供沉浸式的娱乐体验。例如,老年人可以通过VR设备参观世界各地的名胜古迹,或者通过AR技术与虚拟角色进行互动。这种创新的娱乐方式不仅丰富了老年人的精神生活,还有助于他们保持大脑活力,延缓认知衰退。

3.2.4 应急救援场景

1. 紧急呼叫系统

云计算技术可以支持紧急呼叫系统,当老年人遇到突发健康问题时,可以通过紧急呼叫系统自动发送警报至云端,并通知医疗急救人员。云计算平台的强大数据处理能力可以实时分析老年人的健康数据和位置信息,快速制定救援方案。

例如,当老年人在家中突发心脏病时,智能穿戴设备可以自动发送警报至云端,并提供老年人的实时位置信息和健康数据。医疗急救人员可以根据这些信息,快速制定救援方案,并进行现场救治。这种紧急呼叫系统为老年人的生命安全提供了有力保障。

2. 医疗急救协调

云计算技术还可以支持医疗急救协调,实现医疗资源的优化配置和高效利用。通过云端平台,医疗急救人员可以实时获取老年人的健康数据和位置信息,快速制定救援方案,并协调救护车、医院等资源。

例如,当老年人需要紧急转运时,云端系统可以自动调度最近的救护车,并通知医院做好接诊准备。云计算平台还可以通过数据分析,预测老年人的健康状况变化,提前安排必要的医疗设备和人员。这种医疗急救协调方式不仅提高了救援效率,还为老年人的生命安全提供了有力保障。

3.3 知识要点

3.3.1 "云计算技术+养老"服务系统架构

"云计算技术+养老"服务架构系统一般包含感知层、网络层、支撑层、应用层和展示层,见图3-2。

1. 感知层

作为数据采集的核心,集成了多样化的设备。如移动终端供老年人及工作人员使用,健康检测设备和穿戴设备用于采集老年人的健康数据,安防设备、摄像头保障老年人居住环境安全,睡眠床垫监测睡眠情况,还有一卡通设备、呼叫中心设备、视频机器人、床头呼叫器等,满足老年人生活各方面需求。同时,访客终端用于记录访客信息。

2. 网络层

作为数据传输的桥梁,融合了互联网、移动互联网及物联网等多种技术形式。通过蓝牙传输、红外传输、RFID以及GPS/北斗定位等技术,确保不同设备间的数据能够准确、及时地传输到上层。例如,健康

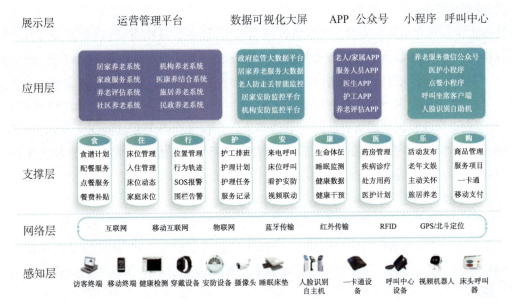

图 3-2 "云计算技术+养老"服务系统架构

检测设备的数据可通过蓝牙或物联网传输到平台,定位设备通过 GPS/北斗定位技术确定老年人位置并传输相关信息。

3. 支撑层

依托感知层与网络层的数据,为上层应用构建坚实的业务支撑体系,包括配餐服务、入住管理、行为轨迹分析、护理计划制定、床位呼叫处理、睡眠监测数据分析、疾病诊疗协助、老年文娱活动组织、服务项目管理等功能。例如,根据老年人的健康数据和行为轨迹,制定个性化的照护计划;依据睡眠监测数据,为老年人提供改善睡眠的建议。

4. 应用层

直接面向用户提供各种养老服务应用,涵盖居家、机构、社区养老系统,并配备老人/家属 APP、服务人员 APP、微信公众号及医护小程序等多元化应用。例如,老人/家属 APP 支持查看健康数据及预约服务;服务人员 APP 则负责接收任务并记录服务详情。此外,还设有养老评估、医养结合及旅居养老系统,全面覆盖各类养老场景与个性化需求。

5. 展示层

为用户提供直观的操作界面和数据展示,包括运营管理平台、数据可视化大屏、APP、公众号、小程序、呼叫中心等。通过数据可视化大屏,管理人员可直观了解养老服务的整体情况,如老年人分布、服务工单数量等;APP、公众号和小程序为老年人及家属提供便捷的服务入口;呼叫中心用于接收老年人的呼叫请求并及时处理。

3.3.2 "云计算技术+养老"的发展现状与趋势

1. "云计算技术+养老"的发展现状

近年来,随着云计算基础设施的不断完善,越来越多的养老服务提供商开始采用云计算解决方案。"云计算技术+养老"目前呈现出多样化的发展现状。在技术应用方面,虽已逐渐展开但存在明显的地域不均衡性。大城市及发达地区的养老机构率先行动,积极引入云计算技术。它们利用智能设备实时采集老年人健康数据并上传至云端,实现健康管理的信息化。同时,智能家居系统也在这些地区的养老场景中得到一定应用,为老年人生活提供便利。然而,中小城市及农村地区的养老服务在云计算技术的融入上显著滞后,传统方式仍占据主导地位。

云计算系统功能的应用各有特点。在健康管理领域中,设备普及率高,但数据整合与共享面临显著挑战,不同设备和机构间的数据连通性亟待加强。生活照料领域的智能化发展参差不齐,部分先进养老机构实现了全面的智能环境控制和家电远程操作,而多数普通机构仅具备基本的智能设施。社交娱乐领域虽取得一定进展,但内容多样性和个性化服务尚显不足,难以满足老年人日益增长的精神需求。

此外,数据安全和隐私保护成为关键问题。随着云计算技术在养老领域的深入应用,大量老年人的敏感信息被数字化存储和传输,面临着数据泄露、滥用等风险。当前的安全防护措施和隐私保护机制尚不完善,需要进一步加强和规范,以保障老年人的权益和信息安全。

2. "云计算技术+养老"的发展趋势

"云计算技术+养老"正引领养老服务行业迈向智能化、个性化与高效化的新时代。这一趋势通过深度融合云计算、人工智能、大数据与物联网技术,不仅革新了养老服务模式,还促进了产业链上下游的紧密合作,完善了产业生态。同时,对复合型人才的需求增长与专业服务队伍素质的提升也成为推动该领域发展的关键。

(1) 技术融合深化,推动智能化变革

云计算、人工智能与大数据的深度融合,为养老服务领域带来了革命性的智能化飞跃,彻底重塑传统养老服务的面貌。借助先进的算法对海量数据进行深度挖掘,能够提供精准的健康预测和个性化的服务推荐,确保养老服务精准对接每位老年人的独特需求。同时,物联网技术的广泛应用,使得智能设备能够实时监测老年人健康状况与生活环境,提升了养老服务的精细化与智能化水平。

(2) 服务模式创新,满足个性化需求

"云计算技术+养老"推动了服务模式的深刻变革,个性化定制服务成为主流。依托多维度数据分析技术,可为每位老年人精心设计个性化的服务方案,内容广泛覆盖健康管理、营养膳食,并深入拓展至社交互动与文化娱乐等精神生活领域,全方位满足老年人的多元化需求。此外,社区与居家养老服务的融合发展,通过云平台整合资源,实现居家养老的专业化与便捷化。

(3) 产业生态完善,促进协同发展

随着"云计算技术+养老"产业的不断发展,产业链上下游企业之间的协同合作日益加强。云计算服务提供商与养老设备制造商、服务机构、医疗机构等紧密合作,共同打造一体化养老服务解决方案。同时,政府、金融机构等多方参与,共同推动产业标准的制定与实施,加强行业自律监管,为产业的健康发展提供有力保障。

(4) 人才队伍建设,支撑未来发展

随着"云计算技术+养老"领域的迅猛崛起,对具备多元化技能的复合型人才的需求正急剧攀升。这类人才须具备云计算、养老服务、医学、数据分析等多方面的知识与技能。教育机构应强化相关专业的构建与人才培养机制,并深化产学研合作,着力培养具备强大实践能力的复合型人才。此外,提升养老服务人员的专业技能与服务意识也至关重要,通过专业培训与职业发展体系的建设,吸引更多优秀人才投身养老服务事业,共同推动该领域的持续健康发展。

3.3.3 "云计算技术+养老"的优势与挑战

云计算技术的融入,不仅显著提升了养老服务的效率与个性化水平,还实现了成本的有效降低。通过智能化和个性化的手段,云计算技术为养老服务带来了前所未有的变革机遇,重新定义了养老服务的边界,提升了养老质量与效率。然而,这一变革之路并非没有挑战,仍面临数据隐私保护、老年人对新技术的接受度以及服务质量等问题,亟须应对和解决。

1. "云计算技术＋养老"的优势

（1）技术赋能，效率与质量双提升

云计算技术凭借卓越的数据处理与分析能力，为养老服务注入了智能化动力。整合并分析海量养老数据，服务机构能精确洞悉老年人健康与需求变化，迅速定制个性化健康管理方案。这一变革不仅缩短了服务响应时间，还确保了服务的精准性和有效性，极大提升了养老服务的整体质量。此外，云计算技术优化了资源配置，使养老机构能灵活调整策略，提升资源利用率，并有效降低成本。

（2）模式创新，丰富生活体验

"云计算技术＋养老"模式不仅在于技术的革新，更在于服务模式的创新。它打破了传统养老服务的局限性，通过个性化服务定制、智能化生活环境打造以及丰富的社交与娱乐体验，为老年人营造了一个更加舒适、便捷、充满乐趣的养老环境。这种全方位、多维度的服务模式，不仅满足了老年人的基本生活需求，还极大丰富了他们的精神文化生活，增强了社会参与感和幸福感。

2. "云计算技术＋养老"的挑战

（1）技术稳定性与数据安全性问题

技术的不稳定性与数据安全性是"云计算技术＋养老"模式面临的首要挑战。养老数据涉及个人隐私与健康状况，一旦数据泄露或被滥用，将对老年人造成不可估量的损失。因此，确保云计算平台的安全稳定运行、防止数据泄露成为关键。同时，不同设备与系统的兼容性问题也需得到妥善解决，以保证服务的连续性和可靠性。

（2）服务质量与人员素质亟待提升

随着云计算技术的引入，养老服务的质量和效率虽有所提升，但也对服务人员和机构的素质提出了更高的要求。亟须制定统一的服务质量标准，强化服务监管机制，并着力提升从业人员的技术能力和服务意识，以应对当前面临的挑战。此外，培养兼具养老服务与信息技术知识的复合型人才，已成为推动行业发展的关键任务。

（3）成本与市场接受度的双重考验

"云计算技术＋养老"模式的推广和应用需要大量的前期投入，包括基础设施建设、设备采购、软件开发等费用。对于资金有限的中小养老机构而言，这无疑是一笔沉重的负担。同时，市场对新技术的接受度也是一个未知数。为了消除消费者的顾虑，提升市场认知与接纳度，并在激烈的竞争中脱颖而出，行业正面临着一系列亟待解决的挑战。

3.4 知识拓展

云计算技术是利用网络将计算资源（如服务器、存储、应用等）提供给用户的服务模式。云计算具有按需服务、资源共享、弹性伸缩等特点，非常适合处理大量数据和服务大量用户的情况。

云计算作为 21 世纪信息技术领域的一场深刻革命，正以前所未有的速度改变着我们的工作和生活方式。它基于互联网，通过虚拟化技术将计算资源、存储资源和网络资源封装成一个独立且动态可扩展的虚拟环境，以按需服务、按使用量付费的灵活模式，为个人和企业用户提供前所未有的便捷与高效。

3.4.1 云计算技术定义与核心理念

云计算技术是一种基于互联网的计算模式，它通过网络将计算资源（如服务器、存储、数据库、软件等)提供给用户,用户可以按需使用这些资源,而无需自建和维护复杂的IT基础设施。云计算技术的核心在于"云"的概念,这里的"云",是指互联网上的一个虚拟空间,其中汇聚了海量的计算资源和数据信息。用户无需关心这些资源的具体位置或物理形态,只需通过网络即可随时随地访问和使用。云计算技术的核心理念在于资源的共享与服务的按需提供,它打破了传统IT架构中资源固定分配、难以灵活扩展的局限,实现了资源的最大化利用和成本的有效控制。

3.4.2 云计算技术服务层次

云计算技术服务按照其提供的服务层次可分为三类:基础设施即服务(Infrastructure as a Service,IaaS)、平台即服务(Platform as a Service,PaaS)和软件即服务(Software as a Service,SaaS)。IaaS为用户提供底层的计算、存储和网络资源,用户可以在此基础上自由部署和运行自己的应用程序;PaaS则更进一步,为用户提供包括编程语言、数据库、开发工具等在内的完整开发平台,用户无需关注底层基础设施的维护和管理,即可专注于应用程序的开发和部署;SaaS则直接提供已经开发好的软件应用程序,用户只需通过互联网即可访问和使用,无需在自己的计算机上安装和维护任何软件。

3.4.3 云计算技术特点

云计算技术具有虚拟化、高可用性、按需服务、可扩展性和灵活性等显著特点。虚拟化技术使得计算资源、存储资源和网络资源得以独立封装和动态分配,为用户提供灵活多变的资源使用方式;高可用性则通过分布式部署和冗余设计确保了服务的连续性和数据的安全性;按需服务和可扩展性则使得用户能够根据实际需求快速获取和扩展资源,满足不断变化的业务需求;而灵活性则体现在云计算提供了多种服务模式和部署方式,用户可以根据自身情况选择最适合自己的解决方案。

3.4.4 云计算技术应用领域

云计算技术不仅在养老领域展现出其独特且不可或缺的价值,为传统行业注入了新的活力,更在金融、制造、教育、医疗等关键领域大放异彩。

在金融领域,云计算助力金融机构实现高效的数据处理和风险分析,保障金融交易的安全与稳定,推动金融服务的创新与便捷化。制造领域借助云计算实现智能化生产管理、供应链优化以及产品研发的加速,提升了制造业的整体竞争力。教育领域通过云计算搭建在线教育平台,打破时空限制,让优质教育资源得以更广泛地传播,促进教育公平与个性化学习的发展。医疗领域利用云计算实现医疗数据的存储与共享、远程医疗的开展以及医疗影像分析等,提高了医疗服务的效率和质量,为患者带来更好的就医体验。

3.5 创新案例:云端智能控糖助手

3.5.1 系统概述

糖尿病作为一种全球性慢性疾病,影响着数亿人的健康。传统的血糖管理方式存在监测不连续、数据难以集中管理以及个性化服务不足等问题。在此背景下,某科技企业联合多家医疗机构和通信运营商,开发了云端智能控糖助手(见图3-3),利用云计算、连续血糖监测(CGM)和人工智能(AI)技术,为糖尿病患者提供全周期、个性化的血糖管理解决方案。

图 3-3　云端智能控糖助手

该系统集成了连续血糖监测设备、智能穿戴设备及云计算平台,能够实时采集患者的血糖数据,进行传输、分析与管理。患者和医生可以通过移动应用和管理平台随时随地查看血糖数据,接收预警信息,并进行个性化干预。系统架构见图 3-4。

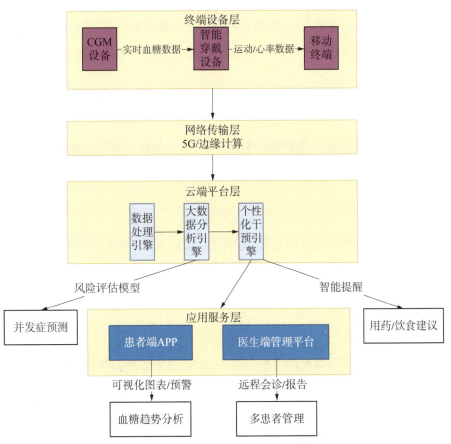

图 3-4　云端智能控糖助手架构图

系统采用"端—网—云—用"四层架构设计,终端设备层通过 CGM 设备和智能穿戴终端实时采集血糖及健康数据;网络层通过 5G 网络和边缘计算节点构建高效的数据传输通道;在云端平台层,集成了数据处理、大数据分析和个性化干预三大核心引擎;应用服务层通过患者端 APP(数据可视化+智能提醒)

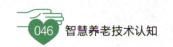

和医生端平台(远程管理＋报告分析)落地服务,形成从监测到干预的闭环管理。

3.5.2 核心功能与技术亮点

1. 实时监测与数据可视化

① 血糖数据实时上传:患者可通过CGM设备或智能穿戴设备,实时上传血糖数据至云平台。

② 数据可视化展示:通过图表、曲线等直观形式,血糖变化趋势一目了然,便于患者和医生快速了解血糖状况。

2. 智能预警与风险评估

① 血糖异常预警:系统预设血糖阈值,血糖一旦超出正常范围,即自动向患者和医生发送预警通知。

② 风险评估模型:利用大数据分析和AI算法,构建血糖风险评估模型,以预测患者未来的血糖波动情况及并发症风险。

3. 个性化干预与治疗方案

① 个性化治疗方案:基于患者的血糖数据和健康状况,AI算法精心制定个性化的饮食、运动和药物治疗方案。

② 智能提醒与指导:系统能够自动提醒患者按时服药、测量血糖,并贴心提供饮食和运动方面的建议。

4. 数据管理与分析

① 数据存储与备份:云平台安全存储患者血糖数据,确保数据不丢失。

② 数据分析与报告生成:定期生成血糖分析报告,为患者和医生提供决策支持。

5. 远程医疗与智能随访

① 远程医疗支持:通过云平台实现医生与患者的远程沟通和智能随访,提高医疗服务的可及性和效率。

② 多终端接入:支持智能手机、平板电脑等多种终端设备,确保不同用户群体的便捷使用。

3.5.3 应用价值与前景

1. 个人健康管理

患者无论何时何地都能轻松监测血糖状况,迅速接收预警信息,并获得个性化的治疗指导,进而高效实现个人健康管理目标。通过智能提醒和个性化干预,该系统帮助患者逐步建立起健康的生活习惯,从而实现对血糖水平的有效管理和控制。

2. 医疗机构血糖管理

借助云平台,医生能够轻松远程访问患者的血糖数据,从而根据实时信息调整治疗方案,显著提升医疗服务的质量和效率。该系统具备强大的多患者管理能力,能够协助医生高效处理海量患者数据,进而优化医疗资源的配置和利用。

3. 公共卫生与慢病管理

为公共卫生部门提供血糖数据监测和分析,辅助制定慢性病防控策略,提高公共卫生水平。系统通过大数据分析,识别高风险人群,提前进行干预,降低糖尿病发病率。

4. 远程医疗与分级诊疗

借助5G技术和云平台,实现远程医疗和分级诊疗,使患者在基层医疗机构也能获得高质量的血糖管理服务。系统支持远程会诊和数据共享,促进医疗资源的合理分配。

课后习题

一、单选题

1. 云计算技术在养老领域的主要优势不包括以下哪项？（　　）
   A. 提高服务效率　　　　　　　　B. 降低服务质量
   C. 实现成本的有效降低　　　　　D. 个性化服务提供

2. "云计算技术＋养老"服务系统架构中不包括以下哪一层？（　　）
   A. 感知层　　　　　　　　　　　B. 网络层
   C. 应用层　　　　　　　　　　　D. 数据层

3. 以下哪个不是云计算服务的层次？（　　）
   A. 基础设施即服务（IaaS）　　　B. 平台即服务（PaaS）
   C. 软件即服务（SaaS）　　　　　D. 硬件即服务（HaaS）

4. 云计算技术在养老领域中的应用不包括以下哪项？（　　）
   A. 健康管理　　　　　　　　　　B. 生活照料
   C. 社交娱乐　　　　　　　　　　D. 金融交易

5. 以下哪个不是"云计算技术＋养老"面临的挑战？（　　）
   A. 技术稳定性　　　　　　　　　B. 数据隐私保护
   C. 老年人对新技术的接受度　　　D. 增加服务成本

6. 以下哪个不是云计算技术在养老领域的优势？（　　）
   A. 提升服务效率　　　　　　　　B. 降低服务个性化水平
   C. 实现成本的有效降低　　　　　D. 技术赋能

7. 以下哪项服务不是"云计算技术＋养老"的创新应用？（　　）
   A. 智能康复助手　　　　　　　　B. 个性化购物助手
   C. 虚拟老年大学　　　　　　　　D. 金融交易服务

二、思考题

1. 如何确保云计算技术在养老领域的数据隐私保护和安全性？

2. 考虑到老年人对新技术的接受度，如何有效推广"云计算技术＋养老"模式？

模块 4

大数据技术+养老关键技术分析

4.1 案例导读

案例 1   "智慧+"成为老有所养的新途径[①]

  2020 年 8 月 27 日上午 9 点 20 分,江苏徐州经济技术开发区金龙湖街道沈店社区,志愿者孙明侠的手机收到区智慧养老大数据中心发来的一条指令:前往社区 80 岁独居老人张其荣家,进行生活照料。"家里安装了紧急呼叫系统、红外探测器、监控摄像头以及各种报警器,老人的安全不用担心,这次主要是来给老人打扫卫生,提供精神关爱。"在张其荣老人家里,孙明侠一边帮老人晒被子,一边陪老人说话:"这几天天气好,帮您把被褥拿出来晒晒,过些天白露节气,要降温,就能用上了。"一旁的张其荣老人满脸微笑,不停地说,好,好。

  在徐州经济技术开发区,像张其荣这样的 60 周岁以上老人有 48 423 人,不少老人存在行动不便、子女无暇照顾等问题,生活与安全上面临困难和隐患。

  如何破解城市养老难题? 这不仅是社会问题,也成为摆在各级政府面前的一道民生考题。去年以来,徐州经济技术开发区通过整合区域内养老服务资源,试点开展互联网+家庭养老床位、时间银行、养老助餐、购买服务等模式,借助互联网、大数据、智能化设备等高新技术手段,为老年人提供全天候便捷服务,缓解了养老服务供需矛盾,满足了老年人多层次、多样化的需求。

  "床头的红色按钮用来报警,身体哪里不舒服摁一下,服务人员会第一时间上门来。别动桌上的摄像头,我随时可以看到你,还能和你视频通话。"徐州经济技术开发区沈店社区 88 岁老人刘关荣的家里刚刚完成"家庭养老床位"改造,儿子刘圣军每天都回来教母亲使用这些设备。

  床头一键呼叫设备、监控摄像头、红外人体感应探测器、门磁感应器、生命体征监测床垫、烟雾报警器……一应俱全的智慧养老设备,让刘关荣老人的床看起来不同寻常。

  "比如红外人体感应探测器可以捕捉老人的活动轨迹,即便老人在睡眠中,生命体征仪也可以实时监测数据,后台有监控记录。如果超过安全数据范围,感应器会立即报警。"江苏唯老汇养老服务产业有限公司董事长孟中华介绍说,运用互联网+,通过自动化数据监测评估,可及时发现老年人可能发生的意外风险,同步推送风险信息给老人亲属和专业服务组织,做好应急处置。

  为了测试效果,刘关荣老人按了一键呼叫设备,屋内立刻鸣笛报警,养老服务人员和刘圣军的手机同时收到语音求救电话。此外,徐州经济技术开发区智慧养老大数据中心的大屏幕上,刘关荣老人的报警信息也立即弹了出来。

[①] 《经济日报》,2020 年 9 月 14 日,有删改。

"老人的居家安全和健康问题,一直像块大石头悬在我们的心上,家庭养老床位改造后,这块石头落地了。"刘圣军坦言,因为工作忙,无暇照顾老人,最怕老人在家意外跌倒或突发疾病没人知道。现在问题迎刃而解,通过智慧养老大数据平台,打开手机就能与老人视频通话,缓解老人孤独感,"真是太好了"。

通过上述案例可看出,智慧养老通过智能设备和系统,实现对老年人健康状况的实时监测、紧急情况的快速响应、日常生活的智能辅助以及社交活动的线上互动。在智慧养老中,大数据的应用与分析是提升老年人生活质量和健康管理的关键。通过收集、存储和分析大量老年人的健康和生活数据,可以提供个性化的服务和精准的健康管理。通过实时健康监测与预警、个性化健康管理、社区服务优化、心理健康支持等方面的应用,大数据技术为智慧养老提供了强有力的支持,见图4-1。

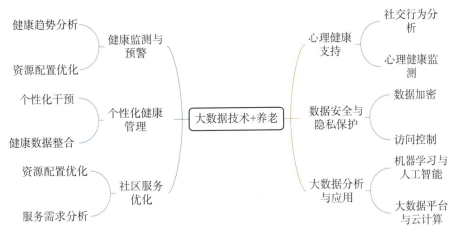

图4-1 "大数据技术+养老"应用

4.2 应用场景

案例2　　大数据让智慧养老更有"温度"[①]

"王阿姨,您来了,今儿早上准备吃点嘛?""李大爷,这么早就约着朋友来下象棋了。""张姐,咱还是把有老毛病的地方再做做理疗,您看行嘛?"……这是近日记者跟随"众智成城"网络主题采访团在天津市河西区宾西楼居家养老服务中心看到的景象。该服务中心自2020年12月22日开业以来,提供了膳食供应、医疗康复、生活照料等一系列服务共18 000多人次,极大地满足了周边社区1 500余名老人的需求。这得益于河西区开展的智慧养老平台建设。

记者了解到,河西区自开展居家养老服务试点工作以来,作为试点"133"工程的第一项内容,构建了全区统一、互联互通的养老服务平台。同时,按照试点工作要求,确定"一库一网一平台"的建设思路,即建设老年人口数据库、养老服务网和养老服务平台。据河西区委网信办工作人员介绍,养老服务平台建设初期,组织开展全区20余万老年人大普查,根据调查情况,搭建全区老年人基础数据库,为针对性研究

---

① 央广网,2021年5月18日。

制定居家养老服务试点政策提供数据支撑。同时,先后与公安户籍、卫健委等部门协调,整合各部门相关数据,初步实现老年人数据信息的活化更新。在此基础上按照一个平台管理的要求,将养老服务数据统一纳入数据管理平台。另外,为提供方便高效的线上养老服务,还搭建了河西养老服务网站,将能够移植到网上的各类养老信息全部进行公开,方便查询。"目前,'一库一网一平台'的框架已搭建完成,正在运营使用过程中不断升级完善平台功能。"该工作人员说。

"老年人数 185 384 人,高龄 80 岁以上 28 800 人……"站在服务中心的大厅里,点开居家养老服务管理平台,养老服务机构分布地图,3 000 元及以下低收入老人的数量,独居老人、失能老人的数量,甚至当日过生日老人的数量,全部实时动态显示在大屏幕上。"大家看看,像享受意外保险、助餐补贴、低保、百岁补贴等养老补贴政策覆盖人群情况一目了然,包括一键呼叫设备等智能设备监测情况也可以清楚地查询到。"友谊路街道公共服务办养老专干贾睿虹给记者演示,"在居家养老服务运营方面,当日服务量、当日消费金额,包括近三十天的居家养老服务场景,是电话下单、商家 APP,还是居家养老服务卡,服务方式是入户还是现场服务,都将体现在平台上。"

"大数据智慧养老,以更简单、更方便的智能方式,为全区老年人提供了更多生活帮助、康复护理、精神慰藉等多方面、个性化、便捷化的服务,让居家养老更有'温度'。"贾睿虹说。

在智慧养老中,大数据技术的应用让老年人的生活更加智能、便捷且安全。大数据技术在智慧养老中的应用场景,主要有健康管理、社交活动、营养饮食、应急处理、实时监控、个性化服务等。

4.2.1 健康管理场景

健康管理是指通过对个人健康状况的监测、评估、预防和治疗,实现人类健康和寿命的提高。健康管理包括以下几个方面。

① 健康监测:通过收集个人健康数据,如血压、血糖、体重等,实现健康状况的监测。
② 健康评估:通过分析个人健康数据,实现健康状况的评估。
③ 健康预防:通过分析个人健康数据,实现疾病的预防。
④ 健康治疗:通过分析个人健康数据,实现疾病的治疗。

大数据技术的核心价值在于其深度挖掘和预测能力。在养老健康管理中,通过对海量的健康数据进行分析,可以预测老年人可能出现的健康问题,实现精准预防。例如,通过收集老年人的生理指标、生活习惯、遗传信息等数据,结合机器学习算法,可以预测他们患慢性疾病的风险,提前进行干预,降低发病率。这种预防性的健康管理,不仅减轻了医疗系统的压力,也大大提高了老年人的生活质量。

例如,随着传感器技术的进步,智能手表和健康追踪器等智能穿戴设备可以精确地记录老年人的活动量、心率甚至睡眠质量等信息。这些数据经过收集与分析,不仅可以帮助老年人更好地了解自身状况,还能为医生提供重要参考,辅助疾病的早期发现与预防。又如,心律失常的老年人在佩戴相关设备后,其心律数据可被实时追踪,如出现异常情况能迅速触发警报并及时通知医疗机构,大大提高了应对突发状况的效率。还如,健康监测 APP 的普及也在为老年人的自我健康管理带来便利。用户只需输入日常的饮食习惯和锻炼数据,这些 APP 便能基于大数据分析为用户提供饮食调整和运动计划的建议。更为高级的系统还能根据用户的健康数据变化,动态调整这些建议,确保每位用户都能获得最适合自己的健康方案。

总之,大数据在健康管理中的应用非常广泛,包括但不限于以下几个方面。

① 电子健康记录:通过收集患者的个人信息、病史、生活习惯等数据,为患者提供个性化的健康管理服务。

② 疾病预测：通过分析大量的病例数据，为医生提供疾病发生的可能性预测，从而实现早期诊断和治疗。

③ 药物研发：通过分析大量的药物试验数据，为研发新药提供有效的方法和工具。

④ 医疗资源分配：通过分析大量的医疗资源数据，为医疗机构提供更为有效的资源分配策略。

当然，尽管大数据技术在健康管理中具有巨大的作用，但它也面临着一些挑战，包括但不限于以下几个方面。

① 数据质量：数据可能存在不完整、不准确的问题，影响分析结果的可靠性。

② 数据安全：医疗数据涉及隐私保护，需要采取严密的安全措施。

③ 算法效果：由于大数据集中的信息量巨大，计算复杂性高，算法效果不稳定。

④ 数据共享：康养、医疗数据的共享和交流可以提高数据的利用效率，但也需要考虑数据所有者的权益。

4.2.2 社交活动场景

利用大数据技术对老年人日常打卡、社交媒体使用等数据进行分析，可以了解老年人的社交习惯和圈子，为其提供更加适宜和丰富的社交活动。大数据技术还能整合社区资源，优化养老服务，即通过分析社区内老年人的需求和资源分布，可以更有效地调配医疗、娱乐、餐饮等服务，实现资源共享，提高服务效率。例如，大数据平台可以预测某时段社区内老年人在一起聚餐需求，提前安排送餐服务，避免浪费，同时也让老年人享受到及时、热乎的餐食。在社交活动场景中，大数据技术的应用体现在生活需求分析和服务偏好分析两大方面。

1. 生活需求分析

智慧养老系统可以通过对老年人生活需求数据的收集和分析，了解老年人的日常活动、社交互动、休闲娱乐等方面的需求。通过分析这些数据，可以发现老年人的生活喜好和习惯，从而提供更符合其需求的服务内容和活动安排，这有助于提高老年人满意度和服务质量。

2. 服务偏好分析

智慧养老系统可以通过收集和分析老年人的服务偏好数据，了解老年人对服务的喜好和需求。通过分析这些数据，可以发现老年人对服务类型、服务时间、服务方式等方面的偏好，从而提供更符合其需求的服务方案，这有助于提高老年人满意度和服务针对性。

4.2.3 营养饮食与运动活动场景

通过对老年人的日常饮食等数据进行分析，可以了解老年人的营养需求和习惯，为其提供个性化的饮食指导和服务优化。根据数据分析结果，照护人员可以针对性地调整服务内容和方式，提高服务质量和效率。例如，根据老年人的饮食需求和健康状况，为其制定个性化的饮食计划；根据老年人的活动量和身体状况，为其安排适当的运动项目。

首先，根据老年人的饮食需求和健康状况，可以制定个性化的饮食计划。通过分析老年人的饮食习惯、营养需求以及健康状况，可以制定出符合他们需求的饮食方案。这有助于保证老年人的营养摄入，改善他们的健康状况。

其次，根据老年人的活动量和身体状况，可以安排适当的运动项目。通过分析老年人的活动量、身体状况以及运动习惯等信息，可以制定出符合他们身体状况的运动活动计划。这有助于提高老年人的身体素质，增强他们的免疫力。

再次，根据数据分析结果，调整营养饮食与运动活动服务的方式和手段。例如，根据老年人的生活习惯和需求,可以调整服务的时间、频率和方式,以提高服务的针对性和有效性。再如,对于需要夜间加餐的老年人,可以提供夜间加餐服务;对于特别需要提供康体活动指导的老年人,可以增加指导的次数。

最后,根据数据分析结果,不断评估和改进服务效果。通过对比不同时间段的数据,分析服务措施的有效性,发现存在的问题和不足之处,并采取相应的改进措施。这有助于不断完善服务内容和方式,提高服务质量和效率。

4.2.4 应急处理场景

智慧养老数据大屏可以设定警戒线,当老年人的生理数据异常或发生意外情况时,系统会立即发出警报,提醒照护人员采取紧急措施。这有助于预防意外事件的发生,保障老年人的生命安全。

首先,预警功能是基于对老年人的生理数据进行分析和判断的。通过对老年人的心率、血压、血糖等生理参数进行实时监测,数据大屏可以设定相应的警戒线。当监测到的数据超过或低于设定的警戒值时,系统会自动发出警报,并显示相应的信息。

其次,应急处理功能是指当发生意外情况时,数据大屏能够迅速触发紧急响应机制。例如,当老年人突然出现昏迷、跌倒等紧急状况时,数据大屏会立即发出警报,并通过智能设备联动相应的紧急服务,如呼叫急救中心、通知照护人员等。这种快速响应机制能够确保老年人得到及时的救治和护理,降低意外事件对他们的伤害。

再次,预警与应急处理功能还能够提高照护人员的反应速度和服务质量。当数据大屏发出警报时,照护人员可以迅速了解情况并采取相应的紧急措施。这有助于缩短反应时间,提高服务质量,保障老年人的生命安全。

最后,预警与应急处理功能还需要与康养机构的应急预案相结合。康养机构应该制定完善的应急预案,明确在发生意外事件时的处理流程和责任分工。通过数据大屏的预警与应急处理功能,可以更好地协调和配合照护人员的行动,确保意外事件得到及时、有效的处理。

4.2.5 实时监控场景

在智慧养老中,大数据技术的实时监控功能至关重要。通过智能穿戴设备或智能家居设备收集的数据,如心率、血压、步数等,可以实时反映老年人的健康状态。一旦发现异常,系统会立即发出警报,通知家属、照护人员或医护人员,及时采取措施,防止病情恶化。这种24小时无间断的健康监测,为老年人提供了全天候的安全保障。

首先,实时监控能够让照护人员及时发现老年人的身体异常情况。例如,当老年人的心率、血压或血糖等生理参数出现异常时,数据大屏会立即显示并发出警报,提醒照护人员采取相应的紧急措施。这种预警功能能够大大降低老年人突发意外的风险,提高他们的生命安全保障。

其次,实时监控还有助于照护人员了解老年人的生活习惯和需求。通过数据大屏,照护人员可以观察老年人的活动量、睡眠质量等信息,从而分析出他们的生活习惯和潜在需求。例如,如果老年人连续几天的活动量较低,照护人员可以主动询问他们的身体状况和生活情况,提供必要的帮助和支持。

最后,实时监控还有助于管理人员对养老机构的运营情况进行全面监控。数据大屏可以显示养老机构的设施设备使用情况、人员出勤情况等信息,这有助于管理人员及时发现和解决运营中的问题,提高养老机构的管理效率和服务质量。

4.2.6 个性化服务场景

每个老年人的身体状况、生活习惯都不同,因此,养老服务需要高度个性化。大数据技术通过分析个体的健康数据,可以提供定制化的健康管理方案。比如,针对有糖尿病风险的老年人,系统可以推荐适合的饮食计划和运动方案;对于有睡眠障碍的老年人,可以提供个性化的睡眠改善建议。这种基于大数据的个性化服务,让养老护理更加贴心,满足了老年人的个性化需求。

大数据技术还可以通过医疗设备采集智能数据,进行复杂数据分析,辅助诊断和治疗,从而满足病人包括老年病人日益增长的个性化诉求。例如,老年人的心脏病、糖尿病、骨质疏松等疾病需要进行相关药物治疗和营养保健。根据不同的个体情况,大数据技术可以将不同药物和保健品进行分析和分类,筛选适合个体的方案。同时,医疗设备通过生命体征监测,也可以及时记录患者的数据,及时反馈患者的身体状况,以便医生能够更快速地诊断病情。

4.3 知识要点

随着智能设备、物联网和互联网与老年人生活的紧密关联,老年人的健康生活状况等数据快速增长,甚至爆发式增长。因此,大数据技术发挥关键作用,它通过洞察老年人的需求,帮助各地提高养老服务水平,优化养老服务政策。同时,养老需求的大数据积累推动服务数字化,促进产业创新,推动智慧养老服务平台的建设。

4.3.1 养老大数据的定义

养老大数据是指在养老服务过程中产生的大量数据,可对这些数据进行分析和应用来促进养老服务的科学化、个性化、智能化和精细化。随着人口老龄化的加速,养老服务也生成了海量的数据,包括老年人的健康状况、社交活动、消费喜好、所在地点等各类数据。这些数据可以直接反映老年人的需求和特点,避免养老服务的盲目性和低效性。养老大数据的收集、存储、处理和应用可以支持养老服务的精细化管理、智能化运营、优化决策等方面。通过分析养老大数据,可以了解老年人的偏好和需求,进行市场营销并提高服务的可供性和可接受性;通过养老大数据的挖掘和分析,可以为政策制定和规划提供科学依据。

另外,对在养老服务中存在的一些问题或难题,如故意欺骗、虐待和侵犯老年人权益,如果利用数据处理技术和算法,通过对养老大数据进行监控和分析,就可以有效地预防和解决这些问题的发生,进一步提高养老服务业的安全性和可靠性。

工信部、民政部、国家卫健委颁布的《智慧健康养老产业发展行动计划(2021—2025年)》要求推动平台升级,提高数据应用能力。因此,"大数据技术+养老"应用需要做好以下两个方面的工作。

一是做强智慧健康养老软件系统平台。加快建设统一权威、互联互通的全民健康信息平台,实现健康数据的有效归集与管理。鼓励企业开发具有多方面、多种类健康管理分析功能及远程医疗服务功能的应用软件及信息系统,提升健康服务信息化水平。推进建设区域智慧健康养老服务综合信息系统平台,依托区域养老服务中心,推进养老补贴、养老服务、行业监管信息化,实现老年人信息的动态管理。鼓励企业面向居家、社区、机构等场景,开发养老服务管理系统、为老服务信息平台,强化物联网、人工智能等基础能力,丰富服务种类,提升服务质量,实现服务的流程化标准化。

二是完善数据要素体系。鼓励各地建设区域性健康养老大数据中心,建立健全居民电子健康档案、电子病历、老龄人口信息等基础数据库。搭建健康养老数据中台,统一提供治理分析、共享交换、安全开放等全链条数据服务,提升数据的使用效率,强化数据要素赋能作用。鼓励开展健康养老数据挖掘理论与方法研究,促进数据创新应用,实现健康状态实时分析、健康趋势分析、健康筛查等功能,提升老年人行为画像、行为监测、安全监控等技术能力。加强数据加密、数据脱敏、身份认证、访问控制等数据安全技术应用,保障居民的个人信息安全。

4.3.2 养老大数据的特征

养老大数据包括了海量的养老服务数据和老年人的生活习惯、健康状况、社交活动、消费喜好等各类数据。养老大数据的特征主要包括以下几个方面。

① 高维度。养老大数据具有多种维度,包括地理位置、时间、自然语言、社交媒体等。这些数据可以以为养老服务业提供更加全面和准确的信息支持。

② 多元化。养老大数据来源于各类养老服务机构和应用平台,如养老院、社区服务中心、健康管理平台等。这些数据来源多样性也导致了数据的异构性,需要对养老大数据进行有效整合和利用。

③ 实时性。养老服务数据在一定程度上具有实时性,即可以通过追踪用户采集实时数据,这些实时数据可以为机构提供精细的分析和管理。

④ 个性化。养老大数据内容涉及很多个人隐私信息,但同时也体现了老年人的偏好和需求,可以帮助服务机构提供更加个性化的服务。

⑤ 跨领域。养老大数据可能涉及生命科学、医疗卫生、社会保障等多个领域,不同领域的数据驱动对养老服务提供的目标和方向等具有重要的影响。因此,需要在注重养老数据本身价值的前提下,加强不同领域数据之间的融合和协同。

4.3.3 大数据如何赋能智慧养老

大数据技术的引入为智慧养老提供了新的发展机遇。通过大数据技术,智慧养老可以更全面地了解老年人的需求和状况,从而提供更精准、个性化的服务。基于大数据技术在数据驱动决策、个性化服务以及预测与评估等方面的技术优势,可通过以下方面步骤,赋能智慧养老。

1. 数据采集与整合

① 收集老年人的基本信息(如年龄、性别、健康状况等)。

② 整合老年人的生活习惯、社交网络等信息。

③ 采集服务满意度、反馈意见等评价数据。

④ 分析老年人的消费习惯和偏好,了解他们的需求和期望。

⑤ 对老年人进行分类,如健康状况、生活习惯、社交网络等,以便更好地为他们提供个性化服务。

2. 数据分析与应用

① 需求分析:分析老年人的需求和偏好,提供个性化服务建议。例如,对于喜欢旅游的老年人,可以推荐适合他们的旅游产品和服务。

② 风险评估:预测老年人可能面临的健康风险,提前采取干预措施。通过分析医疗记录和生活习惯数据,可以识别潜在的健康问题并采取相应的预防措施。

③ 服务优化:根据数据分析结果,优化养老服务项目和流程。例如,通过分析服务满意度数据,了解哪些服务受到好评,哪些方面需要改进,从而改进服务质量。

3. 数据驱动的决策支持

① 结合数据分析结果和实际情况,为管理层提供决策依据,优化资源配置。例如,针对老年人健康状况进行分类管理,合理分配医疗资源。

② 利用大数据预测老年人口发展趋势,为规划部门提供参考依据,制定长远规划。

4. 数据安全与隐私保护

① 在数据采集、存储和使用过程中,采取严格的安全措施,确保数据不被非法获取和滥用。
② 建立隐私保护政策,明确数据的用途和分享范围,避免老年人隐私泄露。
③ 加强数据监管,定期对数据进行审计和检查,确保数据的真实性和完整性。

4.3.4 "大数据技术+养老"的发展方向

随着大数据与养老服务深度融合,老年人口数据、生活状况数据以及养老相关产业数据已成为养老服务的"未来新石油"。释放这些数据的价值,成为推动养老服务现代化的引擎。"大数据技术+养老"的发展方向,主要体现在以下几个方面。

1. 建立国家基本养老服务大数据体系

建立国家基本养老服务大数据体系,推动建设"人找服务"到"服务找人"的基本养老服务体系。具体而言,就是以老年人为中心,以国家基本养老服务清单为基础,建立国家基本养老服务大数据体系,推动政府和社会在养老服务领域资源交汇融合,在老年人与物质帮助、照护服务、关爱服务等老年人服务之间建立准确识别机制,准确识别"人与服务"关系,以老年人大数据牵引养老服务,创新养老服务供给,准确判断养老服务趋势,不断提高养老服务质量。

2. 加快推进大数据与养老服务深度融合

大数据与基本养老服务融合发展,可以加快全社会养老服务数字化转型,促进养老服务要素聚集与共享,不断优化养老服务,健全养老服务体系。从现在起未来近 30 年,养老服务产生的海量数据,将构建养老服务大数据,养老服务大数据激发养老模式创新活力,催生养老服务新业态,丰富养老服务内容。利用大数据迭代优化能力,既能不断满足全体老年人对美好生活的向往,又能满足老年人因地制宜的现实需要,推动中国特色养老服务体系建设现代化。

3. 建立养老服务的大数据监管体系

养老服务是民生事业,事关每一个人的未来,事关中国式现代化建设。大数据可以展示一般技术方式难以体现的关联关系。伴随政府数据、企业数据和公共服务融合发展,大数据已经渗透于老年人生活的多方面。因此,有必要对养老服务涉及的政府、社会、市场和家庭等多元主体以及老年人生活状况等建立大数据监管体系,利用大数据洞悉秋毫,发现养老服务存在的问题,分析养老服务问题所在,确认养老服务问题的关联事项,追溯养老服务主体,实现多元主体共治共享的现代治理体系。

另外,利用大数据的穿透性,可推进养老服务的主体形成合力,以"数据向善"推动养老服务的信用环境建设;利用大数据洞察规律,快速发现问题,降低养老服务监管成本,预判养老服务系统性风险,实现对养老服务的每一个环节、每一个细节的全面监督。可建立"数据说话"体系,对监管数据的关联性分析,赋能公共管理部门,提高决策水平,优化养老服务政策设计。

4.4 知识拓展

"大数据"概念源于美国。1980 年,著名的未来学家阿尔文·托夫勒在其所著的《第三次浪潮》一书中指出,"大数据"可以称作"第三次浪潮的华彩乐章"。1998 年,Science 杂志刊登了一篇中文名为《大数据的处理程序》的文章,"大数据"正式作为一个专用名词出现在世人眼前。那时大数据只是作为一种假设或构想,并且只被很少一部分学者进行研究和讨论。此后,大数据浪潮以一种人们始料未及的速度和规模向人类社会袭来,到现在短短20多年间,大数据已经深深扎根于人类社会的方方面面。

2011年,知名咨询公司麦肯锡研究统计了全世界大数据的分布情况,公布了一份让人惊叹的数字报告:中国2010年新增的数据量约为250 PB,而欧洲约为2 000 PB,美国约为3 500 PB。麦肯锡在《大数据:创新、竞争和生产力的下一个前沿领域》报告中指出,"数据已经渗透到每一个行业和业务职能领域,逐渐成为重要的生产因素",人们即将迎来一个全新的数字时代。随着互联网、物联网、云计算的兴起,数据规模发生了质的飞跃,这种全球数据存储量的爆炸式增长成为大数据产业的发展基础,标志着大数据时代的到来。

有资料显示,近年来中国正在加速从数据大国向数据强国迈进。国际数据公司(International Data Corporation,IDC)和数据存储公司希捷(Seagate Technology Cor)的报告中提到,随着中国物联网等新技术的持续推进,中国产生的数据量将从2018年的约7.6 ZB增至2025年的48.6 ZB,产生的数据量将超过美国。

4.4.1 大数据的定义

迄今为止,尚未出现对大数据的明确定义。在普遍认知下,大数据是指超出传统数据库管理软件获取、存储、管理及分析能力的海量数据组成的数据集合。相较于过去的数据而言,如今的大数据有四个主要特征:体量大、速度快、种类多、价值密度低。

1. 数据体量巨大

随着信息技术的高速发展,数据集合的规模爆炸式增长。存储单位从过去的GB级到TB级,发展到现在的PB级、EB级;近年来,数据量更是出现以EB级和ZB级来计量的趋势(1 ZB=1 024 EB,1 EB=1 024 PB,1 PB=1 024 TB,1 TB=1 024 GB)。单说数字可能难以想象这是多么庞大的数字,如果将1 ZB数据刻录到只读光盘上,紧密排列在一起可以绕地球10圈。

2. 数据产生和处理的速度快

加速的原因是数据创建的实时性特点,以及将流数据结合到业务流程和决策过程中的需求。数据处理速度快,处理模式已经开始从批处理转向流处理。比如,2020年天猫"双十一"当天,订单创建峰值达58.3万笔/秒。

3. 数据类型繁多

广泛的数据来源,决定了大数据形式的多样性。数据被分为结构化数据和非结构化数据。相比以往便于存储的以文本为主的结构化数据,非结构化数据越来越多,包括音频、视频、图片和地理位置信息等,而且每天都会产生新的数据格式和数据源。

4. 数据价值密度低

由于大数据总体量不断加大,单位数据的价值密度逐渐降低,然而数据的整体价值不断提高。相比传统的"小数据",大数据最大的价值在于通过从大量不相关的各种类型数据中,挖掘出对未来趋势与模式预测分析有价值的数据,并通过机器学习方法、人工智能方法或数据挖掘方法深度分析,发现新规律和新知识,从而达到改善社区治理、推进科学管理的效果。

4.4.2 大数据产生的原因

1. 数据产生方式的变化

随着计算能力、网络带宽、存储空间等技术的不断发展,物联网、云计算和社交网络等不断渗透到各个领域,导致数据量急剧增加,不同类型的数据纷纷涌现。例如,人际社交网络数据、即时通讯数据;人与机器之间的电子商务数据、网络浏览数据等;机器与机器之间的地理定位数据、监控摄像数据等。尤其在医疗行业,医院每天产生大量的医疗记录和患者资料。这些巨大的数据量以及其日益深入的应用,让人们开始思考如何从中提取实际价值。

2. 数据存储方式的变化

过去,数据产生通常伴随运营活动,存储过程较为被动,且需要单独进行管理,存储成本较高。随着云计算和移动终端的普及,数据存储变得更加主动、自发。云计算的出现大幅降低了存储成本,使得企业能够长期保存历史数据,从而提高数据的价值。这不仅推动了大数据产业的发展,也成为其商业价值的关键。

3. 运行、计算速度的提升

过去,计算机性能的提升遵循摩尔定律,集成电路上的晶体管数目每 18 个月便翻倍,性能也随之提高。云计算技术的成熟使得大数据处理效率大幅提升,几秒钟内便可处理数万条数据。此外,Hadoop 分布式系统的出现,使得海量数据存储与计算变得更加高效。通过并行运行机制 Hadoop 分布式文件系统提供海量数据存储、MapReduce 实现并行计算,极大提高了数据处理速度。这些技术的进步使得从数据存储到分析的各个环节更加高效,推动了大数据的应用。

4.4.3 大数据发展现状

1. 技术层面

近年来,数据规模呈几何级数增长,IDC 发布报告称,到 2030 年全球数据存储量将可能达到 2 500 ZB。人类在过去 3 年间产生的数据总量超过了之前几千年产生的数据总量。尽管大数据获取、存储、管理、处理和分析等相关技术已有显著进展,然而在如此规模庞大的数据中,仍有大量数据无法或来不及处理,处于未被利用、价值不明的状态。实际上,现在需要处理的数据量远超处理能力的上限。据 IBM 的研究报告估计,大多数企业仅对其所拥有数据的 1% 进行了分析应用。

在现象倒逼技术变革的背景下,促使信息技术体系进行一次重构和技术飞跃,其中量子计算是一个机遇。据估计,量子信息技术在大数据方面的应用所带来的指数量级加速,将远远超越现有经典计算机的运算速度。经典计算机的线性处理模式,就像一辆在单行道上缓缓行驶的汽车,而量子计算机则像是拥有无数并行车道的超级跑车,瞬间就能将经典计算机远远甩在身后,展现出指数级并行计算能力的巨大优势。

总体来说,数据规模高速增长,现有技术体系难以满足大数据应用的需求,大数据理论与技术远未成熟,未来信息技术体系需要颠覆式创新和变革。

2. 应用层面

按照数据开发应用深入程度,目前对大数据的应用分为以下三个层次:

① 描述性分析应用,是指从大数据中总结、抽取相关的信息和知识,从数字的角度分析,并呈现事物过去的发展规律。

② 预测性分析应用,是指通过大数据分析事物之间的关联、发展模式等,挖掘数字背后隐藏的信息,并据此对事物发展的趋势进行预测。

③ 指导性分析应用,是指在前两个层次的基础上,分析不同决策将导致的后果,并对决策进行指导和优化。

在目前大数据应用较为成功的实践中,如智慧城市、金融、电子商务和制造业等领域,所采用的描述性分析应用和预测性分析应用较多,指导性分析应用等更深层次的偏少,其效果和深度仍处于初级阶段。目前,指导性分析应用虽然已经在人机博弈等特定领域取得了较好的应用效果,但在一些应用价值更高且与人类生命、财产、发展和安全紧密关联的领域,如自动驾驶、政府决策、军事指挥和健康医疗等,要真正获得有效应用,仍须解决其根本的基础理论和核心技术的问题。这也意味着,虽然已有很多成功的大数据应用案例,但还远未达到人们的预期,大数据应用仍处于初级阶段。未来,随着应用领域的拓展、技术的提升、数据共享开放机制的完善,以及产业生态的成熟,具有更大潜在价值的决策性、预测性和指导性的应用将是大数据发展的重点。

4.4.4 大数据价值的两面性

大数据作为当前时代的一把"利器",具有双面性。也就是说,大数据技术带来了全方位的社会变革,同时也带来了新的安全挑战,包括数据泄露、数据滥用和隐私安全等问题。例如,随着大数据技术应用的不断成熟,很多商家动起了歪心思,使用大数据技术进行"杀熟"。

1. 大数据作为利器的正面影响

(1) 对政府

大数据帮助政府实现市场和公共卫生安全防范、灾难预警、经济调控、社会舆论监督,帮助城市预防犯罪,实现智慧交通,提升紧急应急能力。还可以借助大数据,以更短的时间和更低的成本完成信用体系的建立。

(2) 对行业

大数据对各行各业产生巨大的影响,如使物流行业的行业数据收集更加容易,帮助该行业解决供应链中的障碍;在电子商务领域,行为数据、销售数据和营销分析可以结合在一起,以便更好地了解客户的需求;通过收集农业领域大量的数据,可以帮助减少农业生产的不可预测性;帮助文化娱乐行业预测歌手、歌曲、电影和电视剧的受欢迎程度,为投资者提供投资依据;帮助医疗机构建立患者的疾病风险跟踪机制,配合或协助医药企业提升药品的临床使用效果。

(3) 对科学研究

在大数据环境下,一切将以数据为中心,从数据中发现问题、解决问题,真正体现数据的价值。数据科学家从数据中可以挖掘未知模式和有价值的信息,服务于科学研究,推动科技创新和社会进步。

(4) 对思维方式

随着大数据收集、储存、分析技术越来越成熟,人们可以更加快捷、方便、动态地获取研究对象相关的所有数据,不再受到数据存储和处理能力的限制。在过去,人们通过抽样分析来提高算法的准确性。在大数据时代,追求高精确性已经不是其首要目标,"秒级响应"能力成为重要指标,要求在几秒内就迅速给出针对海量数据的实时分析结果,否则就会丧失数据的价值。所以,思维方式也应该从样本思维转变为总体思维,从而可以更加全面、系统、立体地认识总体情况。

(5) 对教育

大数据的应用,无疑为个性化的教学提供了条件。教师通过对学生进行一段时间的观察,得到学生这段时间学习数据,对学习数据进行分析和处理,可针对学生的个体数据差异,制定最佳的教学方案,以提高教与学的效率。

2. 大数据作为利器的负面影响

(1) 大数据的隐私问题

在数据收集和使用过程中,个人数据中涉及隐私的信息往往包括健康状况、教育水平等。这些数据被采集后,存在隐私侵权的风险。另外,在数据的使用过程中,隐私信息被有意或无意地传播甚至倒卖,使得受害者不堪其扰。对个体而言,隐私意识淡薄也增加了泄漏和侵权风险。

(2) 大数据的法律制度问题

例如,信息数据财产是大数据时代的核心生产要素,那么,这些信息数据到底是谁的财产?应该受到什么样的保护呢?就目前的情况,还未形成定论,信息数据作为一种资产的地位仍未通过法律法规予以确立,难以进行有效的管理和应用。

(3) 大数据的不正当使用问题

例如,利用大数据技术进行"杀熟"。这个行为表现得十分隐秘,一般情况下难以发现。利用大数据"杀熟",已经违背了大数据技术的最初目的,相关部门必须进行相应的管理。

4.5 创新案例:阿尔茨海默病预警大数据系统

4.5.1 系统概述

根据《世界阿尔茨海默病报告》,目前全球约有5 000万名失智症患者,其中阿尔茨海默病(AD)患者占比高达60%~70%。预计到2050年,这一数字将增至1.52亿。面对这一严峻形势,传统的诊断方式已难以满足对阿尔茨海默病的早期预警和有效防控的需求,亟需使用新手段来应对。

某高新技术企业在生物医学领域深耕多年,凭借其在医疗器械研发、生产和销售方面的综合实力,携手国内外多家生物医学研究机构、高等院校及三甲医院,共同打造用于早期筛查和诊断阿尔茨海默病的大数据系统ADDS,见图4-2、图4-3。该系统基于简易精神状态检查量表(MMSE)和日常生活活动能力量表(ADL),通过语音和图像输出记录患者的反应,并快速统计检测结果,提供即时诊断数据。系统检测过程便捷,对阿尔茨海默病早期发现、早期防治能起到很好的控制、改善及管理作用。

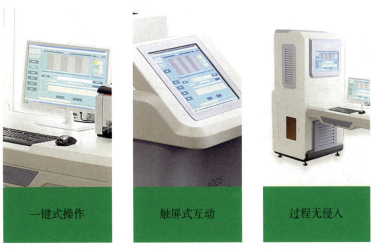

图4-2 阿尔茨海默病预警大数据系统ADDS

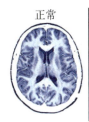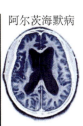

图4-3 ADDS系统界面

与社区卫生服务中心和各级医院合作,采用分布式技术多点部署 ADDS 系统,并结合穿戴设备进行实时监测,构建一个覆盖广泛、数据共享、协同工作的阿尔茨海默病预警大数据平台,可有效实现阿尔茨海默病的早期预警和有效防控。系统架构见图 4-4。

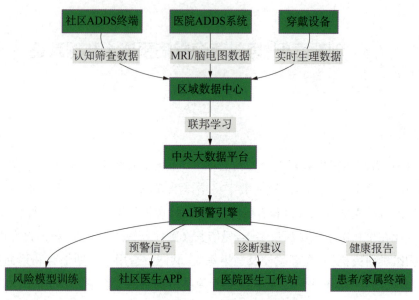

图 4-4　阿尔茨海默病预警大数据系统的架构

4.5.2　核心功能与技术

1. 认知风险评估

(1) 综合数据评估

平台整合了患者的多源数据,并通过大数据分析技术进行深度挖掘,以加速对阿尔茨海默病的发现。通过分析认知功能评估数据中的记忆、语言、执行功能等各项指标的变化趋势,结合生活行为数据中反映出的日常生活活动能力下降情况,以及基因数据中携带的 AD 相关基因突变信息,平台能够全面、准确地评估患者患 AD 的风险程度。

(2) 个性化风险评分

基于详尽的大数据分析结果,平台会为每位患者量身定制个性化的风险评分。这一评分能够直观、清晰地反映出患者当前的认知风险状况,并且随着新数据的持续采集与深入分析,风险评分会实现动态调整与更新。医护人员和家属可以根据风险评分及时了解患者的病情发展趋势,从而制定更为精准的干预计划。

2. 早期预警功能

(1) 预警模型构建

平台采用先进的机器学习和深度学习算法,结合大量已确诊阿尔茨海默病患者和健康人群的数据,训练出一个早期预警模型。该模型利用认知测试和核磁共振扫描数据,通过机器学习算法构建了 AI 预测模型,并在诊所的真实数据中进行测试,显示出高准确率。这些模型能够精准地识别出早期 AD 的特征模式,如特定脑区的萎缩趋势、血液中生物标志物的变化规律等。一旦监测到患者的数据出现与早期 AD 特征模式相符的变化,系统将自动触发预警机制。

(2) 多渠道预警通知

一旦触发预警,平台会立即通过多种渠道向医护人员和患者家属发送预警信息。通知手段涵盖短信通知、APP和小程序即时推送等,确保相关人员能迅速接收到预警信息,并即刻启动后续的诊断与干预流程。

3. 干预方案推荐

(1)个性化干预方案生成

根据患者的风险评估结果和个人数据特点,平台利用大数据分析技术为患者推荐个性化的干预方案。这些方案包括生活方式调整建议(如合理饮食、适度运动、社交活动安排),认知训练计划(针对不同认知领域设计的训练任务)以及必要的药物干预建议等。借助个性化的干预方案,平台能够为患者量身打造更为精确、高效的治疗辅助。

(2)动态调整干预方案

随着患者数据的不断更新,平台会持续跟踪干预效果,并通过对比干预前后的数据变化来评估干预方案的有效性。一旦发现干预效果未达预期或患者状况有所变动,平台将智能调整干预方案,确保干预措施始终贴合患者实际需求,进而增强干预的针对性和实效性。

课后习题

一、单选题

1. 大数据的四个特性不包括以下哪一项( )。
   A. 体量大　　　　　B. 成本高　　　　　C. 价值高　　　　　D. 速度快

2. 大数据技术的核心目标是处理哪种类型的数据( )。
   A. 结构化数据　　　B. 半结构化数据　　C. 非结构化数据　　D. 以上都是

3. 大数据的本质是( )。
   A. 挖掘　　　　　　B. 联系　　　　　　C. 洞察　　　　　　D. 搜集

4. 智慧养老服务中,大数据分析可以用于( )。
   A. 预测老年人的健康状况　　　　　　B. 优化养老服务资源配置
   C. 制定个性化护理计划　　　　　　　D. 以上都是

5. 智慧养老中的大数据应用与分析的关键作用是什么?( )
   A. 降低老年人生活品质　　　　　　　B. 提升老年人生活质量和健康管理
   C. 增加社区工作人员负担　　　　　　D. 减少社交互动

6. 智慧养老设备中不包括以下哪项?( )
   A. 红外人体感应探测器　　　　　　　B. 生命体征监测床垫
   C. 传统固定电话　　　　　　　　　　D. 烟雾报警器

7. 智慧养老主要依托什么来为老年人提供服务的?( )
   A. 传统养老方式　　　　　　　　　　B. 科技
   C. 社区服务　　　　　　　　　　　　D. 家庭照顾

8. 以下哪项不是大数据技术在智慧养老中的应用场景?( )
   A. 健康管理　　　　　　　　　　　　B. 应急处理
   C. 实时监控　　　　　　　　　　　　D. 增加养老院

9. 在我国,"大数据技术+养老"的发展方向,不包括以下哪一项?( )
   A. 建立国家基本养老服务体系　　　　B. 加快推进大数据与养老服务深度融合
   C. 推进研发智能穿戴设备　　　　　　D. 建立养老服务的大数据监管体系

二、思考题

1. 大数据技术如何提升智慧养老服务的质量和效率？请结合具体应用场景说明。

2. 大数据技术如何通过数据采集和分析赋能智慧养老？请简述其主要方面。

3. 在创新案例中，哪个环节应用了大数据技术？

模块 5

人工智能技术+养老关键技术分析

5.1 案例导读

案例 1　　　　　　　　　　拿什么解救快被压垮的照护者

自从母亲病后,家住银川市兴庆区一小区的吴女士全家乱了方寸。2022年12月,72岁的母亲突发脑梗,虽然抢救及时,但落得半身不遂。手术之后,母亲进入漫长的康复期,对吴女士一家而言,真正的照护才正式开始。"扎针、理疗、按摩、康复训练……每天奔波于医院各个楼层,半年多时间,全家人都瘦了一圈,母亲的变化却微乎其微。"吴女士说,自己学的是护理专业,即使有着这样的专业优势,独自照护卧病在床的母亲,仍觉力不从心,"我在医院陪护母亲,父亲和哥哥负责做饭、送饭。今年五一之后,单位实在请不上假了,我去上班,照顾母亲的重担落在哥哥身上。"哥哥的孩子今年高三,到了最重要的"冲刺阶段";父亲年纪大了,不能太过操劳,吴女士只能利用周末去医院"顶班",让身心俱疲的哥哥得到暂时的休息。

案例 2　　　　　　　　　　一人失能,全家失衡

"照顾父母半年,我感觉整个生活都陷入了黑暗,现在还没缓过劲来,电话铃声一响整个人就哆嗦。"60岁的南京市民刘强说,自己退休后返回老家照顾父母,结果半年时间里,整个人被折腾得快垮掉了。"我和父母住在不同的小区,两位老人有点'任性''糊涂',经常半夜两三点因为一些小事给我打电话,比如凌晨三点吵吵着要我去给他们放电视剧《西游记》。"

照护病人这份工作,远不止字面上的"照护"本身,还包括没日没夜对病人的各种定制服务,比如需要了解服药、换药的时间,需要和患者共同面对痛苦,满足病人的情绪需求,需要面对疾病所带来的痛苦与绝望感,还需要做很多医疗决策。另外,常年困于翻身、洗浴、家务以及日夜陪伴,会导致照护者与世隔绝、社交断绝。

现实中,不乏亲属因照顾老人身体被彻底搞垮的。家住北京的周雯说,她的小姑一直在照顾奶奶,其他兄妹则给予经济补贴。小姑起早贪黑任劳任怨,但糊涂的老人总不满意,经常因为饭菜口味、遛弯路线等琐事训斥小姑。小姑于2023年突然查出癌症,短短几个月就离世了。一些家庭因"父母不愿去养老机构""送老人去养老机构就是不孝顺"等缘由,决定由子女"专兼职"照护父母,却面临"一人失能,全家失衡"的困境。

另外,由于照护者往往年龄偏大,使用互联网水平有限,加上传统道德观念束缚等,很多人缺少倾诉和排忧解难的渠道。明明照护病人已经疲惫不堪压抑至极,但在其他亲朋眼里却波澜不惊,甚至得不到配偶和子女的理解。

面对案例中的烦恼与困境，如何突破呢？在解决方案中，利用人工技术（AI）是一种较好的策略。在养老领域，人工智能技术在生活护理、预防保健、康复训练等方面，都有着重要的应用，见图5-1。

图5-1 "AI+养老"应用示意图

例如，AI辅助康养传感器，其跌倒辅助检测功能可以检测当下空间是否发生跌倒情况，能智能识别不同跌倒姿态（如快速跌倒、缓慢跌倒）；检测到跌倒后，上报告警事件，并及时通过电话、短信、微信服务号、APP通知家人，使家人在收到信息后能够及时对老年人采取救助，避免因延误治疗对老年人造成二次伤害，见图5-2。

图5-2 AI辅助跌倒检测设备

还如，坠床辅助检测功能，可实时检测使用者是否有发生坠床情况，AI智能识别不同坠床姿态（如翻滚坠床、床边快/慢速跌倒）。检测到老年人坠床后，会及时上报告警事件，并通过电话、短信、微信等通知到指定联系人。智能起夜检测可检测用户起身下床动作，主动亮夜灯，以防黑暗中绊倒等。

再如，很多老年人会介意子女在家安装摄像头，认为会侵犯到自己的隐私。而AI辅助康养传感器通过毫米波技术进行智能检测，仅用人体点位数据方式处理，并不具备成像能力；并且本地运行AI算法，保证数据"不出端"，再加上加密身份校验机制，实现了高度隐私保护。

总之，AI赋能健康养老，有助于构建以主动健康科技为引领的一体化健康服务体系，提升健康保障能力和自主性的目标，并发展适合我国国情的科技养老服务标准及评价体系，推进养老、康复、护理、医疗一体化的老龄服务体系建设，构建连续性服务的生命全过程危险因素控制、行为干预、疾病管理与健康服务的技术产品支撑体系。

5.2 应用场景

案例 3　　　　　　　　　　　"叫一声,服务就到!"

68岁的宋丽霞家中有了智能电子屏"小丽"后,生活变得丰富多彩。通过语音识别功能,她可以轻松播放戏曲、浏览新闻、查询健康信息等。"小丽"不仅操作便捷,还能提供健康建议,解放了她从前复杂的手机操作负担。"叫一声,服务就到!"宋丽霞感叹道。

目前,数字技术适老化仍多以改造现有软件为主,难以彻底解决老年人使用障碍。专家建议,从产品设计之初就应考虑适老需求。在人工智能的加持下,养老设备的智能化与便捷性显著提升,"智慧养老"正加速走进老年人生活。

例如,智能电视主动推送老年人喜爱的节目,智能手环提醒健康数据和用药时间,智能设备提供"预见式"服务。此外,一键通呼叫、智能烟感器、家务机器人、气囊防摔衣等创新产品,为老年人提供全方位呵护。AI技术让"智慧养老"不断进化,为老年人带来更加舒适、安全的晚年生活。

案例 4　　　　　　　　　　　"像真人一样陪伴左右"[1]

对不少老年人来说,"AI+养老"不仅让操作更简单、生活更便捷,还提供了情感上的交流陪护功能。

"云云,你觉得我今天穿这款连衣裙怎么样?""很漂亮!就是有点薄,外面是阴天,最好带件外套哦。"这是郑州的王阿姨与她的保姆机器人"云云"之间的对话。这款机器人的主要功能是智能陪护。出门时,"云云"会提醒她带好随身物品。做饭时,"云云"会在电子屏上显示菜谱和烹饪视频。更让王阿姨满意的是,它还能陪聊。

"'云云'记忆力超强,我说的每句话都能记住,聊起天来特别对脾气。平时儿女们工作忙,我一个人在家里难免寂寞;现在它像真人一样陪伴左右,生活有意思多了。"王阿姨说。

目前,市场上已经有多款像"云云"这样的老年陪护机器人。播音乐、陪聊天、帮做家务、健康咨询……借助大语言模型,这些机器人拥有较强的语言学习、理解和生成能力。它能根据老年人不同的兴趣爱好、脾气性格,实现更加自然、流畅的交流。对这些机器人而言,与老年人的每一次对话都是一次训练,帮助其不断优化服务质量,让老年人感受到更贴心的情感陪伴。

"我现在离不开'云云'了。我想,未来每个老年人都应该有一款随身机器人,买菜的时候帮着拎菜,看病的时候帮着排队,旅游的时候帮着背包……"王阿姨说。

王阿姨的憧憬正加快成为现实。据了解,天津、上海等地部分养老机构,已经配备了陪护机器人,主要功能是陪老年人下棋、唱歌及日常交流。这有效缓解了养老产业人力不足的短板。据统计,中国养老护理员的总需求量已达600万名,而目前从业人员仅50万名。"AI+养老"在一定程度上对真人护理员形成了替代或补充作用,有助于解决老年人子女不在身边、没人照顾的难题。

在AI助力下,"智慧养老"领域新产品不断上架:一键通呼叫、智能烟感器等设备,为老年人提供实时健康监测、预警自动化服务;护理机器人、家务机器人等前沿产品加速落地;智能升降沙发、防走失定位

---
[1] 《人民日报(海外版)》,2024年5月20日,有删改。

鞋、气囊防摔衣等全方位呵护老年人生活……可以预见，随着适老化工作加快推进，智能化、数字化新技术催生的"智慧养老"模式，使越来越多老年人享受到了更加个性化、安全、舒适的产品。

AI+养老应用主要是以老年人为中心，围绕活力老年人和失能失智（或半失能失智）老年人的吃、穿、住、养、医、行、乐等日常需求，使用人工智能技术发挥"替代""便利""引领"和"整合"等功能，最大程度地帮助老年人保持和恢复社会功能，助力老年人更加积极健康地生活。因此，对于养老行业来说，人工智能的应用场景非常多，特别是在"医""康""养"三个方面。医疗方面的应用主要有虚拟助理、辅助诊疗等；健康方面的应用主要有疾病风险预测、健康管理等；养护方面的应用主要有智能护理、智慧康养社区等形态。

5.2.1 虚拟助理场景

利用智能语音技术，如语音识别、合成和声纹识别，通过自然语言处理和深度学习算法，可以实现人机交互，打造健康医疗服务的虚拟助理。

例如，语音电子病历基于云知声人工智能和大数据技术，结合大量原始医疗语料数据，利用机器学习、深度学习技术进行大规模的挖掘和训练，形成医疗语音识别和语义理解模型，并进行产品化封装，形成语音录入电子病历整体解决方案。语音电子病历能取代键盘、鼠标的输入，让医生通过口述的方式，轻松与PC、Pad等设备进行会话。口述内容会被转录成文字并输入到医院信息系统、电子病历、临床信息系统、影像归档和通信系统等系统中指定位置，也支持将口述操作转化为系统命令执行常规鼠标点击操作，更为方便快捷。

还如，智能导诊基于人脸识别、自然语言处理等技术，通过人机交互的方式，可提供导诊、智能问答、科普宣教等就医服务（见图5-3）。智能导诊可根据患者主诉及症状快速推荐科室医生，智能问答可针对院务等问题在线答疑解惑。产品可应用于微信线上挂号、互联网医院、区域平台等场景中，解决了患者因医学知识缺乏，院内咨询不便所导致的医患资源错配的痛点，同时满足医院智慧服务评级的诉求。

图5-3 "智医助理"电话机器人

5.2.2 辅助诊疗场景

人工智能辅助诊疗是指利用人工智能技术，辅助医生进行疾病诊断、治疗计划、手术辅助、健康管理等方面的医疗工作。其目的是提高诊疗服务的效率和质量，改善患者的就医体验，降低医疗成本。主要有以下几个方面的具体应用。

1. 医学影像诊断

AI可以通过医学影像分析技术,帮助医生进行疾病的早期发现和诊断。通过深度学习和计算机视觉技术,AI可以对医学影像进行自动分析和解读,检测出病变部位。例如,AI可以用于乳腺X光摄影和CT扫描图像的乳腺癌筛查,通过对影像中的异常区域进行识别和标记,帮助医生早期发现病变,提高乳腺癌的诊断准确性。

2. 病历数据挖掘

AI辅助医疗诊断技术可以对大量的病例数据进行挖掘和分析,从而发现潜在的疾病模式和规律。通过分析患者的病历记录和临床数据,AI可以帮助医生做出更加个性化和精准的诊断和治疗方案。这对于罕见病的诊断和治疗尤为重要,因为这些疾病的发病机制和症状较为复杂,往往需要借助大量的数据来辅助判断。

3. 辅助决策支持系统

AI辅助医疗诊断技术还可以作为决策支持系统,为医生提供专业的建议和参考。基于大量的医学文献和临床实践数据,AI可以为医生提供最新的诊疗指南和药物选择建议,帮助他们做出更明智的决策。这对于提高临床决策的科学性和一致性非常重要,有助于降低误诊和漏诊率。

4. 手术辅助

计算机视觉和机器人技术的结合,已经实现了手术机器人的广泛应用。手术机器人可以在医生的控制下进行高精度、微创的手术操作,大大提高了手术的准确性和效率,降低了术后并发症的风险。例如,达芬奇机器人手术系统,已被广泛应用于肝胆胰良恶性疾病手术、胰十二指肠切除术、结直肠肿瘤切除术、胃癌根治术、减重手术等。

5. 个性化治疗

人工智能通过对大量医疗数据的分析,可以利用深度学习等技术,自动寻找出疾病治疗的最佳方案。个性化治疗方案不仅考虑了患者的病情,还考虑了患者的年龄、性别、基因等多方面的因素,可以为患者提供更加精准的治疗服务。

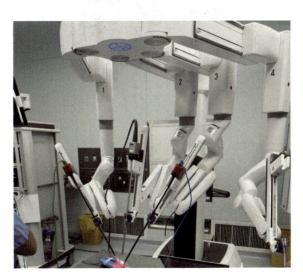

图5-4 达芬奇手术机器人

5.2.3 疾病风险预测场景

疾病风险预测和健康管理是以健康数据、医学知识和信息技术为基础,建立的全生命周期和个性化的智能服务,通过风险预判、健康干预等方式帮助人群建立健康的生活方式,减少患病风险。对于易患病人群,则通过一系列干预方案恢复健康,多用于慢性病管理。通过汇总医疗数据、体检数据、基因检测数据、生活方式数据、可穿戴设备数据等智能评估健康状态,建立动态健康档案,评估健康风险,并为干预管理和干预效果评估提供支撑。

总的来说,人工智能在疾病预测领域的发展是一个不断完善和优化的过程,需要不断收集、整理、预处理和特征提取数据,并使用先进的算法和模型进行训练和测试,以提高预测的准确性和可靠性。尽管人工智能技术在疾病预测领域的应用还比较有限,但它具有很大的潜力。随着技术的不断进步,人工智能技术将会在疾病预测领域发挥更大的作用,为医生提供更准确的诊断和治疗建议。例如,2024年

5月,全球知名医学杂志《柳叶刀》上发表了一篇关于心血管疾病风险预测的重要文章,介绍了一项名为CaRi-Heart 的技术。该技术结合了 AI 视觉识别和预测算法,可以在没有明显症状时提前 10 年识别出重大的心血管疾病风险。

5.2.4 智能护理场景

近年来,人工智能技术在语音识别、图像识别、自然语言处理等领域取得显著进展,为智能护理提供了有力支持。智能护理是一种利用先进技术和数据分析方法,为病人特别是失能老年人提供更加个性化、高效和安全的护理服务的模式。其中,护理机器人的使用越来越广泛。护理机器人不受时间和空间的限制,可以根据老年人的需求,24 小时不间断地提供服务。

在过去,人们担心的是护理机器人的服务质量,随着人工智能技术的不断提高,使用 AI 系统为护理机器人赋予了全新的灵魂。智能护理机器人的智能感知、语音识别、人脸识别、自主导航等功能,让其可以自主完成老年人生活照护、健康监测、家居安全监测等任务。AI 还可以实时监测老年人的生理参数,及时发现老年人的健康问题,提供相关的健康服务和建议。

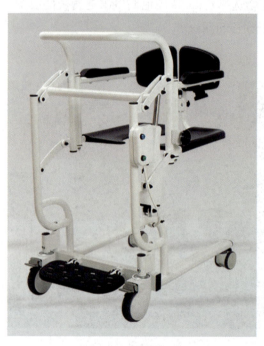

图 5-5 智能位移机器人

例如,在河南商丘某养老院,许多老人已经习惯了智能护理机器人的陪伴,特别是智能位移机器人(见图 5-5),照护人员对此赞不绝口。该养老院有好几位瘫痪卧床多年的老人,有些老人体重过高,每次上下床都需要几个照护人员一起协作,非常耗时耗力。有了智能位移机器人,只需扶老人坐起,将位移机器人推到床前,无需拖拽和抱扶,就能将老人轻松抱起,电动升降调节,一人就能轻松操作,使用方便快捷。智能位移机器人方便、快捷、舒适地实现了瘫痪、腿脚受伤的老人在床、轮椅、座椅、坐便器之间的安全转移。这不仅能帮助照护人员更加高效地完成工作任务,更重要的是,老人们也获得了更好的照顾和关爱,因为移动的过程更舒适、更有尊严,老人们可以不再长期卧床,能像正常人一样四处活动,享受外面的美好。

除智能位移机器人,智能护理领域还包括智能行走/助行机器人、全自动智能护理舱、喂饭机器人等设备。这些智能护理设备,应用于各种场景,为老年人带来帮助,显著提升了照护服务的质量和效率。

5.2.5 智慧康养社区场景

智慧康养社区的建设是人工智能技术应用在健康养老产业上的集中体现。例如,总部位于上海市虹口区的某家医疗养老服务公司,致力于提供优质便捷的社区居家医疗、护理、康复和养老照护服务。该公司利用智能终端赋能传统养老,通过更高效的匹配、更实时的监测和更快速的响应,来提升整个服务质量。智慧家床信息化平台正是该公司在 AI 赋能传统养老的一个典型应用。

智慧家床不仅是设备,不仅是服务,更不仅是系统,而是三者结合而形成的整体解决方案。其通过系统平台连接老年人家中的物联网设备,全方位监测和管理老年人的实时身体状况如心率、呼吸、血压、行动、睡眠、服药情况,实现对老年人行为、健康体征等多方面的智能监测分析,监测环境的安全隐患,及时处理老年人跌倒、异常离床、外出定位超电子围栏等事件,打造"没有围墙的养老院"。

除了智慧家床信息化平台,该公司将 AI 用于居家养老的场景还有智能床垫、水浸监测终端和烟雾监测终端,等等。具体可见图 5-6。

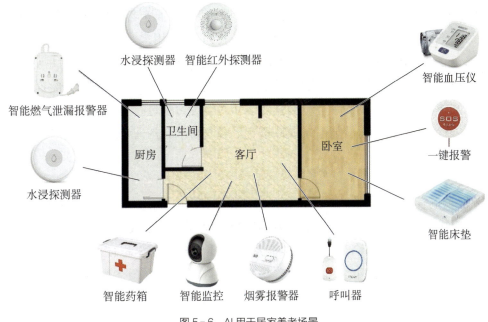

图 5-6 AI 用于居家养老场景

5.3 知识要点

在"AI+养老"中,养老服务模型、养老领域知识模型和养老对象模型是其核心。养老服务模型主要包含养老服务过程中涉及的专业知识、技能及方法;养老领域知识模型包括养老服务过程中涉及的专业知识体系;养老对象模型展现了人机互动情况,即通过老年人行为信息、身体及情绪状况可反馈其养老服务需求。

"AI+养老"建立在大量的养老场景数据基础之上,并利用这些数据对养老服务模型、养老领域知识模型和养老对象模型进行训练,然后机器通过高运算能力做出合理的行动,满足养老需求。

目前"AI+养老"虽然发展并不完善,但通过养老场景收集的大数据,再进行数据挖掘和深度学习,"AI+养老"会取得巨大进步。总之,"AI+养老"重在通过人工智能技术以更全面、更深入、更微观地了解养老服务对象,为养老服务对象创造良好条件,并高效服务于养老对象。

5.3.1 "AI+养老"服务系统架构

"AI+养老"服务系统通过学习老年人医疗护理知识、老年人照料专业技能、老年人需求、养老场景等大量专业领域数据,通过感知系统对老年人的行为信息、身体及情绪状况进行计算并推断老年人所需服务。人工智能系统处理信息过程类似人类思维,其通过数据库知识进行思考并做出决策,并不断获取个体数据来调整模型中知识体系和技能方法,形成动态、完整和个性化模型体系,满足老年人养老需求。

一般而言,完整的"AI+养老"服务系统是由仿生感知层、基础资源层、核心算法层、实际应用层组成的四层技术架构。

1. 仿生感知层

仿生感知层作为人工智能系统处理信息和执行命令的基础,是智能系统与外部世界交换信息的窗口。仿生感知层核心技术是机器视觉技术、智能识别技术、语言处理技术、传感器技术和情景感知技术。机器视觉技术作为人工智能系统的"眼睛",通过多只"眼睛"对整个养老场景进行实时观察,传输所"看到"的信息至后台进行分析处理;智能识别技术识别人、物品,主要用来对老年人及所处环境进行标识并建立场景模型;语言处理技术能够识别服务需求者语言,能够与老年人进行交流互动并明确其需求;传感器技术通过感知亮度、温度、声音、气味、位移等信息来采集老年人及环境信息,评估老年人实时状态和居住环境;情景感知技术根据收集到的个性化数据对老年人行为习惯进行更深层次"了解",从而更精准地提供养老服务。通过仿生感知层,智能系统能以语言形式与需求者沟通,养老场景实时状况及老年人需求能够被全面感知。

2. 基础资源层

基础资源层承担信息传输、记忆储存、信息分析计算等类人脑功能。基础资源层由数据支撑层、网络层、数据运算层组成。数据支撑层包括养老专业领域数据库、基础信息数据库、多媒体数据库、GIS数据库、业务共享数据库等信息数据库,使得人工智能系统掌握海量"记忆",以便全面应对所需处理的信息;网络层负责信息传输,通过专用网络、互联网、移动通信网络、远程控制等各种网络将感知层传递的有关老年人信息进行汇集、交换和传输,类似人类神经网络的功能;数据运算层通过云计算、专家系统、机器人学、自动规划、语言和图像理解、智能搜索、博弈、自动程序设计等技术配合感知信息和已储存"记忆",以此实现信息处理。

3. 核心算法层

核心算法层利用机器学习、深度学习进行模拟人类思维逻辑以解决问题。机器学习即通过决策树、贝叶斯网络、聚类分析、K均值算法、最大期望算法等模拟和推测人类思维逻辑。随着计算能力飞跃和海量数据出现与储存,深度学习算法飞速进展,它能够模仿人类大脑视觉系统,成为目前人工智能领域主要运用的算法,也有潜力拟合老年人思维逻辑,从而精准地理解老年人需求。

4. 实际应用层

实际应用层即人工智能的最终服务提供形式。将养老服务通过实际应用层接入人工智能系统,老年人通过人工智能系统获得自己所需服务。实际应用层通过智能家居系统、智能照料系统、智能健康管理系统、老年人智能心理专家系统、监测呼救系统为老年人提供生活照料、医疗健康、精神慰藉、紧急救助等服务。实际应用层可以通过服务老年人来记录和存储老年人日常生活数据,通过对这些数据处理和分析,实施精准化的决策来服务老年群体。

5.3.2 "AI+养老"的发展现状与趋势

1. "AI+养老"的发展现状

在"AI+养老"的实践中,已经涵盖了生活照料、医疗护理、精神慰藉和紧急救助四大类服务。生活照料包括穿衣、吃饭、扫地等;医疗护理包括健康咨询、康复检测、身体护理等;精神慰藉包括心理咨询、交友、与子女联系等;紧急救助包括自动报警、远程监控、可穿戴设备管理等。

"AI+养老"产品可分为日常助手型、医疗看护型、精神关爱型和安全预防型,涵盖智能家居、扫地机器人、智能电器、护理机器人、智能穿戴设备、老年人心理专家系统、智能监测等;应用技术包括自然语言处理、专家系统、图像处理、深度学习等。

目前,尽管"AI+养老"在实践中已有较多探索,但尚未完全替代人工,许多服务模式仍在试验阶段。现阶段,AI技术主要应用于餐饮、护理和保健等基础养老服务,但无法全面满足老年人多元化和个性化的需求。同时，AI技术与养老需求之间仍存在一定脱节，如存在高昂的产品价格和服务种类单一的问题。此外，保护老年人隐私和健康数据，避免"AI拟声"和"AI换脸"等诈骗，仍需技术和制度的完善。

2. "AI+养老"的发展趋势

在智慧养老的大背景下，远程医疗照护、在线监测、数据共享等系统智能化手段，及时性、全面性、集成化、可预测等管理智能化手段将成为未来"AI+养老"产业的发展方向。

（1）智慧养老将更"隐形"

人工智能技术的发展，使智慧养老应用不再是在现有环境里追加的一个技术模块，而是通过部署在老年人家中各种用具上的传感器，无缝地融入他们的生活环境，成为环境的一部分，老年人不会明显地感受到其存在。

（2）智慧养老将更"智能"

随着人工智能技术的发展，智慧养老中涉及的各种识别、分类、判断、决策也将更准确、更及时，基于实时信息的多种服务资源的匹配和调度也将更及时、更有效。到这个时候，对老年人生活的感知将不再由每一个分离的系统来完成，而是由智能环境全面地、实时地采集，可以自动地发现并区分更多的、更细的安全事件。从老年人跌倒的预警和发现、吃药的提醒和风险告警，到识别冰箱里的过期食品等，老年人与智慧养老系统的交互也不再通过一个特定的操作界面，而是由包括语音、手势甚至思维（脑电波）驱动的智能化意愿感知环境来完成。

（3）智慧养老将"无处不在"

随着人工智能技术的发展，智慧养老将渗透到老年人生活的方方面面，包括安全看护、生活照料、健康管理、文化娱乐、精神慰藉、教育学习、社会参与、价值实现等老年人生活的所有方面。与养老相关的各种设施，包括老年人家中、社区养老服务中心、老年大学、商业网点、医院、城市的各种公共设施、交通设施等，都将有智慧养老服务融入其中。

（4）智慧养老将使老年人更有"控制感"

对于有自主意识和自主能力的老年人来说，智慧养老将会使他们更容易把握自己的生活，而不是被动地接受安排。所以，"AI+养老"设计需要有更多懂得老年人心理需求的设计人员，使智慧养老不仅体现在服务方案的设计上，更需要体现在交互的方式上。

5.3.3 "AI+养老"的优势与挑战

1. "AI+养老"的优势

AI赋能健康养老产业发展不仅体现在解决了诸多传统方式不能解决的问题，更重要的是促进健康养老产业向智能大健康产业迈进，智能大健康产业逐步形成，产品形态日益丰富，参与主体更加多元。具体体现在以下几个方面。

（1）有助于提升失能、半失能及空巢老年人的养老生活质量

传统养老对腿脚不方便的老年人非常不友好，"AI+养老"通过语音识别，无需起身即可开关灯、开关电视、开关空调、开关窗帘等，不仅如此，还能通过人工智能工具实现语音购物、手机充值、叫外卖。例如，阿里的"天猫精灵"就是"AI+养老"的典型案例，这在较大程度上便利失能、半失能老年人的生活。另外，"AI+养老"还可通过使用智能可穿戴设备和智能远程监测设备，加强健康监测和安全监护，避免空巢老年人出现意外。还有，智能机器人的出现，能够帮助失能、半失能老年人进行翻身等日常护理和康复训练等专业护理。

（2）有助于提升养老服务的精准化水平

"AI+养老"可通过智能传感器记录、收集老年人相关居住环境及身体健康等各种数据，这些数据不

仅是进一步提升人工智能养老效率的基础,而且有助于建立养老对象微观数据库,如每个老年人有自己的急救卡,通过扫描二维码就能了解老年人相关基础信息及健康信息,有助于进行个性化的精准治疗。不仅如此,人工智能养老还可通过养老金融专家系统和养老健康专家系统,因人施策,解决老年人养老金融服务和养老健康服务方面的问题。另外,人工智能还能参与到智能评估中,针对老年人过去的行为进行评估,这将有针对性地满足养老服务需求。

(3) 有助于缓解老年照护专业人才短缺的状况

目前,我国老年照护专业人才严重短缺,从业人员普遍年龄大、学历低、流动性大,照护能力离"专业"二字还有很大差距。随着人工智能养老产品的不断升级,喂饭、翻身、导尿、鼻饲、换药、洗澡、康复等工作将能借助这些产品顺利完成。据预测,未来人工智能机器人可为老年照护领域提供一半以上的劳动力,这将有助于缓解专业人才短缺的状况。

(4) 有助于一定程度上满足老年人精神生活的需求

智能助手和虚拟陪伴技术的互动功能,可以帮助老年人与家人、朋友及其他社区成员进行有效的沟通和交流,拓宽了老年人与外界的联系和交往渠道,减少了老年人的孤独感。另外,老年人可通过人工智能产品满足个人爱好,充实个人生活,有助于在一定程度上满足老年人精神生活的需求。

2. "AI+养老"的挑战

虽然"AI+养老"的优势是传统养老所无法比拟的,但不能忽视的是,在人工智能赋能健康养老的过程中,还面临着包括公民健康信息和隐私保护、健康大数据质量等许多挑战。

(1) 数据共享和整合问题

在养老领域,存在着多个部门和机构之间数据孤岛的问题。要想实现人工智能在养老领域的全面应用,需要建立一个数据共享和整合的平台,将不同机构的数据整合在一起,以便更好地开展研究和服务。

(2) 个性化需求问题

老年人的需求和偏好各不相同,如何根据老年人的个性化需求和特点,提供相应的服务和支持,是当前人工智能技术在养老领域需要解决的一个难题。

(3) 隐私与安全问题

人工智能的应用离不开对个人隐私的收集和存储,这也带来了隐私泄露和信息安全的风险。因此,在"AI+养老"的发展过程中,必须加强对个人信息的保护和管理,确保老年人的隐私得到有效的保护。

(4) 技术普及和使用门槛

虽然人工智能的应用在智慧养老领域呈现出广阔的发展前景,但由于技术的复杂和价格昂贵,目前在普及和应用方面仍面临一定的困难。未来,需要加强相关技术的研发和普及工作,降低使用门槛,确保更多的老年人受益于人工智能养老技术。

(5) 人性化与人机交互

当前,人工智能技术的发展仍存在着一定的局限性,如人机交互的自然度和人性化方面尚有待提升。在智慧养老领域,应加强对人性化、易用性和亲和力的研究和应用,提高智能养老产品和服务的用户体验和便利性。

(6) 监管和标准化问题

人工智能技术的应用需要加强监管和标准化建设。由于养老领域涉及的技术和应用较为复杂,需要建立相应的标准和规范,以确保技术的安全性和可靠性,并促进行业的健康发展。

5.4 知识拓展

20世纪70年代以来，人工智能（Artificial Intelligence，AI）被称为世界三大尖端技术（空间技术、能源技术、人工智能）之一，也被认为是21世纪三大尖端技术（基因工程、纳米科学、人工智能）之一。人工智能涉及哲学、数学、经济学、神经学、心理学、计算机工程、控制论、语言学等多学科、多领域。

1956年夏天，J. McCarthy（麦卡锡，达特茅斯学院）、M. L. Minsky（明斯基，哈佛大学）和 N. Rochester（罗切斯特，IBM）等学者在达特茅斯学院聚会，共同研究和探讨用机器模拟智能的一系列有关问题，首次提出了"人工智能"这一术语，它标志着"人工智能"这门新兴学科的正式诞生。

左起：摩尔、麦卡锡、明斯基、赛弗里奇、所罗门诺夫

图 5-7　AI 创始人 50 年后在达特茅斯学院重聚（2006 年）

5.4.1 人工智能的定义

人工智能，又称为机器智能或计算机智能，无论取哪个名字，都表明它所包含的"智能"都是人为制造的或由机器和计算机表现出来的一种智能，以区别于自然智能，特别是人类智能。由此可见，人工智能本质上有别于自然智能，是一种由人工手段模仿的人造智能。

像许多新兴学科一样，要给人工智能下一个准确的定义是困难的。人类的自然智能（人类智能）伴随着人类活动时时处处存在。人类的许多活动，如下棋、竞技、解题、猜谜语、进行讨论、编制计划和编写计算机程序，甚至驾驶汽车和骑自行车等，都需要"智能"。如果机器能够执行这种任务，就可以认为机器已具有某种性质的"人工智能"。

根据我国《人工智能标准化白皮书（2018版）》的阐述，人工智能的定义是这样的：人工智能技术是利用数字计算机或数字计算机控制的机器来模拟、延伸和扩展人类智能的一种方法。简言之，人工智能就是使机器具备类似于人类的智能能力。

人工智能研究的目的是通过探索智慧的实质，扩展人类智能——促使智能主体会听（语音识别、机器翻译等），会看（图像识别、文字识别等），会说（语音合成、人机对话等），会思考（人机对弈、专家系统等），

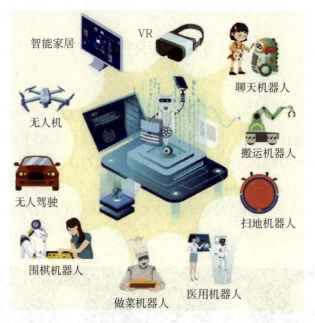

图 5-8 身边的人工智能

会学习（知识表示、机器学习等），会行动（机器人、自动驾驶汽车等）。因此，科学家们通过系统科学、数学、控制学、心理学、认知科学以及脑科学等多个学科，提出了各种方法和模型，试图制造出能够像人一样感知、学习、推理、行动和交流的机器。身边的人工智能，见图5-8。

5.4.2 人工智能技术框架

人工智能已经发展成为一门独立的学科，该学科由多个学科相互融合而成，其中，计算机科学是人工智能技术中的一个重要工具。尤其是近十年人工智能的热潮，主要动力就是来自计算机科学中机器学习技术的快速发展和迭代进步。

总体上，我们可以将人工智能技术框架划分为四个层次：基础层、算法层、技术层和应用层。具体如图5-9所示。

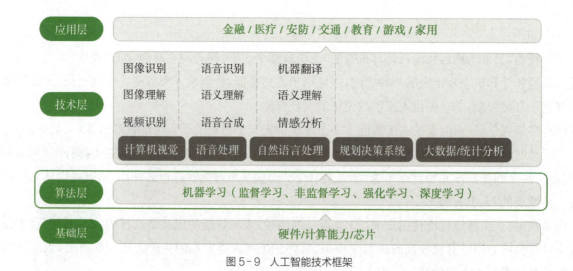

图 5-9 人工智能技术框架

1. 基础层

基础层主要包括芯片、传感器和存储设备等硬件技术，以及在此基础上以软件与服务方式实现的海量数据的获取、存储、传输和超大规模并行计算的实现技术。其中,人工智能对芯片技术的需求有别于传统的信息技术,而超大规模计算能力和海量数据的收集与存储是通过互联网和云计算等技术实现的。

2. 算法层

算法层利用机器学习、深度学习模拟人类思维逻辑以解决问题。机器学习即通过决策树、贝叶斯网络、聚类分析、K-means算法等模拟和推测人类思维逻辑。随着计算能力飞跃和海量数据出现与储存,深度学习算法取得飞速发展,能够模仿人类大脑视觉系统,成为目前人工智能领域主要运用的算法。

3. 技术层

这个层次主要运用各种通用技术来支撑算法模型的应用,是衔接算法层和应用层的技术架构和系统。人工智能在模仿人类智能的过程中,根据智能程度的不同,可以分为运算智能、感知智能和认知智能。

(1) 运算智能即快速计算和记忆存储能力

人工智能所涉及的各项技术的发展是不均衡的,现阶段计算机比较具有优势的是运算能力和存储能力。1996年IBM的深蓝计算机战胜了当时的国际象棋冠军卡斯帕洛夫,从此,人类在这样的强运算型的比赛方面就很难战胜机器了。

(2) 感知智能即视觉、听觉、触觉等感知能力

人和动物都能够通过各种智能感知能力与自然界进行交互。自动驾驶汽车就是通过激光雷达等感知设备和人工智能算法实现这样的感知智能的。机器在感知世界方面比人类更有优势。人类都是被动感知的,但机器可以主动感知,如激光雷达、微波雷达和红外雷达。如自动驾驶技术,由于充分利用了深层神经网络和大数据等技术,在感知智能方面已经越来越接近人类。

(3) 认知智能,即机器"能理解、会思考"

人类有语言,才有概念,才有推理,所以概念、意识、观念等都是人类认知智能的表现。当前的自然语言处理、用户画像、服务机器人、考试机器人等属于认知智能。

4. 应用层

即人工智能的最终服务提供形式。应用层按照对象不同,可分为消费级终端应用和行业场景应用两大类。消费级终端包括智能机器人、智能无人机以及智能硬件三个方向,主要对接各类外部行业的AI应用场景,包括智慧医疗、智慧教育、智慧金融、智慧安防、智慧城市等。人工智能的应用场景归纳,可见图5-10。

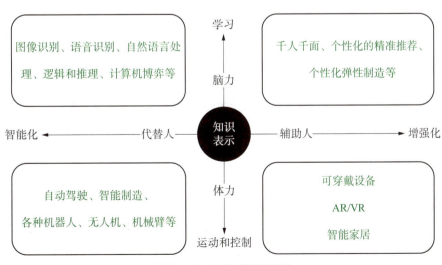

图5-10 人工智能应用场景

近年来，国内外企业陆续推出应用层面的产品和服务，工业机器人和服务型机器人也层出不穷，应用层产品和服务正逐步落地。例如，百度推出"百度大脑"计划，重点布局自动驾驶汽车；微软在语言识别、语义理解、计算机视觉等领域保持领先；谷歌的人工智能业务也在多个领域遍地开花，包括 AlphaGo、自动驾驶汽车、谷歌大脑等。

在应用层次上，人工智能与传统行业的融合即"AI＋"，代表一种新的经济增长形态。国务院于 2017 年印发的《新一代人工智能发展规划》，提出了面向 2030 年我国新一代人工智能发展的指导思想、战略目标、重点任务和保障措施。例如，该规划指出，要坚持科技引领、系统布局、市场主导、开源开放等基本原则；对战略目标，该规划明确：到 2025 年，人工智能基础理论实现重大突破，部分技术与应用达到世界领先水平，人工智能成为我国产业升级和经济转型的主要动力，智能社会建设取得积极进展；到 2030 年，人工智能理论、技术与应用总体达到世界领先水平，成为世界主要人工智能创新中心。

5.4.3　人工智能算法

1. 机器学习与人脑学习之间的关系

了解人工智能算法，需要先从机器学习与人脑学习之间的关系开始，图 5-11 展示了人脑学习与机器学习之间的关系。

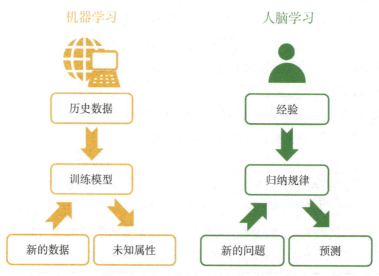

图 5-11　机器学习与人脑学习的关系

人类大脑会总结经验，也就是在解决问题之前，大脑会积累经验并总结规律。这些规律可能是我们自己通过观察和思考得出的，也可能是前人的经验积累与传授。有了这些规律后，当我们遇到新问题时，就会套用这些规律，作出判断或预测，这就是人类的智能。机器学习则是通过另一种方式进行：当给机器提供大量数据时，机器会自行分析并训练模型。这个过程类似于在历史数据中寻找规律。但由于计算机的计算能力强大，它能在相对短的时间内处理大量数据并深入挖掘。因此，机器可能发现一些人类从未注意到的历史数据规律。一旦机器总结出这些规律并训练好模型后，再给它新的数据，它就能作出判断和预测。

所以，机器学习是一门关于数据学习的科学，它能帮助机器从现有的复杂数据中学习规律，以预测未来的行为结果和趋势。例如，当我们在网上购物时，机器学习算法会根据我们的购买历史来推荐可能会喜欢的其他产品，以提升购买概率。

2. 常见的人工智能算法

机器学习分为监督学习、非监督学习和强化学习,深度学习是一种特殊的机器学习。这几种是常见的人工智能算法。

(1) 监督学习

监督学习是指给算法一个数据集,并且给定正确答案。机器通过数据来学习正确答案的计算方法。举个例子,我们准备了一大堆猫和狗的照片,想让机器学会如何识别猫和狗。当使用监督学习的时候,我们需要给这些照片打上标签,见图5-12。

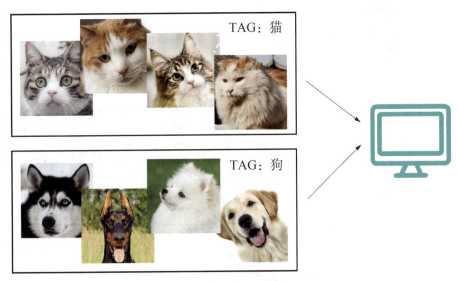

图5-12　监督学习中的人工打标签

我们给照片打的标签就是"正确答案",机器通过大量学习,就可以学会在新照片中认出猫和狗,见图5-13。这种通过大量人工打标签来帮助机器学习的方式就是监督学习。这种学习方式效果非常好,但是成本也非常高。

图5-13　监督学习中的图片识别

(2) 非监督学习

非监督学习中,给定的数据集没有"正确答案",所有的数据都是一样的。非监督学习的任务是从给定的数据集中,挖掘出潜在的结构。

举个例子,我们把一堆猫和狗的照片给机器,不给这些照片打任何标签,但希望机器能够将这些照片分类,见图5-14。

通过学习,机器会把这些照片分为两类,一类都是猫的照片,一类都是狗的照片。虽然这跟上面的监督学习看上去结果差不多,但有着本质的差别:非监督学习中,虽然照片分为猫和狗,但是机器并不知道哪个是猫,哪个是狗。对于机器来说,相当于分成了A、B两类,见图5-15。

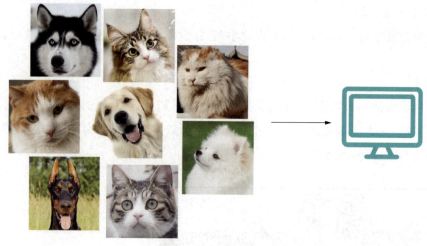

图 5-14 非监督学习

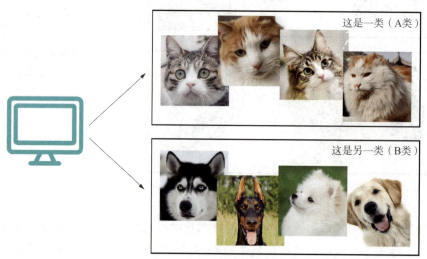

图 5-15 非监督学习的图片分类

总之,监督学习与非监督学习都需要给机器提供数据用于训练和学习,两者的主要区别在于,监督学习的训练数据需要有标签,然后将这些数据输入到机器中,机器会通过打标签的数据学习规律;而非监督学习所使用的数据不需要打标签,机器会分析数据的特征并分析规律,从而完成学习和探索。

(3) 强化学习

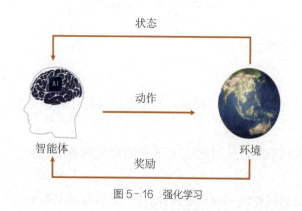

图 5-16 强化学习

强化学习主要由智能体、环境、状态、动作、奖励组成。智能体执行了某个动作后,环境将会转换到一个新的状态,对于该新的状态环境会给出奖励信号(正奖励或者负奖励)。随后,智能体根据新的状态和环境反馈的奖励,按照一定的策略执行新的动作,见图 5-16。上述过程为智能体和环境通过状态、动作、奖励进行交互的方式。

智能体通过强化学习,可以知道自己在什么状态下,应该采取什么样的动作使得自身获得最大奖励。由于智能体与环境的交互方式和人类与环境的交互方式类似,可以认为强化学习是一套通用的学习框架,可用来解决通用的人工智能的问题。因此,强化学习也被称为通用人工智能的机器学习方法。

强化学习是一种更为自主的学习方式,它不需要像监督学习和非监督学习那样分析预先准备好的数据,强化学习是通过让机器在环境中自我试错、自我调整而学习,从而寻找完成任务的最优策略。一旦模型训练完成,机器就可以在设定的环境和规则下自主完成任务。强化学习特别适合需要"实时决策"的应用场景,如下棋和自动驾驶。

(4) 深度学习

深度学习也属于机器学习,但它是一种基于神经网络的机器学习技术,人工智能、机器学习、深度学习的关系如图5-17所示。

图5-17 人工智能、机器学习、深度学习的关系

深度学习的核心思想是通过学习大量数据来自动提取特征,从而进行分类、预测、生成等任务。这里的"深度"是指人工神经元网络的层数,可多达上千层,并且通过卷积、池化、反向传播等非线性变换方法进行分析、抽象和学习的神经网络,模仿人脑的机制来"分层"抽象和解释数据、提取特征、建立模型,见图5-18。

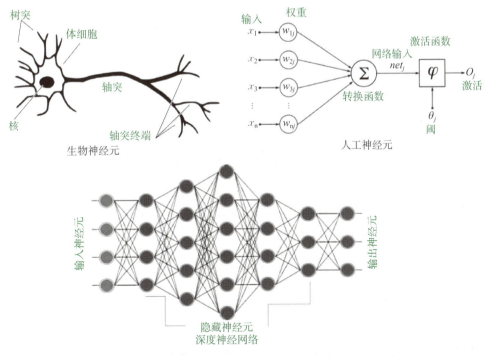

图5-18 生物神经网络和深度神经网络

相比于深度学习,传统的机器学习可以认为是"浅层"学习。浅层学习算法主要是对一些结构化数据、半结构化数据作一些场景的预测,深度学习主要解决复杂的场景,如图像、文本、语音识别与分析等。

生成式人工智能,如 ChatGPT、DeepSeek 等,作为近年来人工智能领域中的一个热门概念,就指的是一种具有生成能力的深度学习模型。这种模型可以自动学习数据中的模式,并生成新的、类似的数据。这项技术能够创造文本、图片、声音、视频和代码等多种类型的内容,全面超越了传统软件的数据处理和分析能力。

5.5 创新案例:情感计算养老服务系统

5.5.1 系统概述

图 5-19 面部表情情感识别

情感计算(Affective Computing)作为一门融合了计算机科学、心理学、认知科学等多学科精华的新兴技术领域,致力于赋予计算机识别、分析、理解乃至模拟人类情感的能力。通过自然语言处理、计算机视觉、语音识别、生物传感等技术手段,情感计算能够捕捉人类的面部表情、语音语调、文字内容以及生理信号等多模态数据,并利用机器学习和深度学习算法对情感状态进行建模和预测,见图 5-19。情感计算的核心目标是让机器具备情感能力,从而实现更加自然、直观和有意义的人机交互。

随着全球老龄化进程加速,老年人情感陪伴缺失问题日益凸显。据统计,我国 60 岁以上老年人口中,超过 40%存在不同程度的孤独感和抑郁倾向。传统的养老服务往往侧重于生理健康的维护,却忽视了老年人心理健康的需求,导致情感支持服务存在显著不足。针对这一痛点,某科技企业联合国内顶尖养老机构、AI 实验室及心理健康研究中心,共同研发了情感计算养老服务系统。通过多模态情感识别和智能响应技术,为老年人提供全天候的情感陪伴与心理健康支持,系统架构图见图 5-20。

情感计算养老服务系统采用"感知—分析—决策—响应"四层递进式架构设计,构建了一个完整的智慧养老闭环解决方案。系统感知层利用 8K 高清摄像头、阵列麦克风及智能手环等设备,实时捕捉老年人面部表情、语音语调及生理指标等多模态信息。数据经加密传输至分析层后,由 CNN、LSTM 等 AI 模型进行多模态情感融合分析,实现 92.3%的情感状态识别准确率;决策层凭借覆盖 3 000+养老场景的知识图谱与强化学习引擎,能迅速在 200 毫秒内定制个性化服务方案。最终响应层通过虚拟陪伴机器人、家属 APP 等终端输出情感陪伴、健康预警等服务,同时收集用户反馈持续优化系统。各层之间通过双向数据流形成"采集—分析—服务—优化"的完整闭环,在保障隐私安全的前提下,实现对老年人情感状态的精准感知与智能响应。

5.5.2 系统功能

1. 多模态情感识别与预警

(1) 高精度情感状态分析

系统采用 8K 超高清摄像头和阵列麦克风,结合深度学习模型,可识别 27 种面部微表情和语音情感

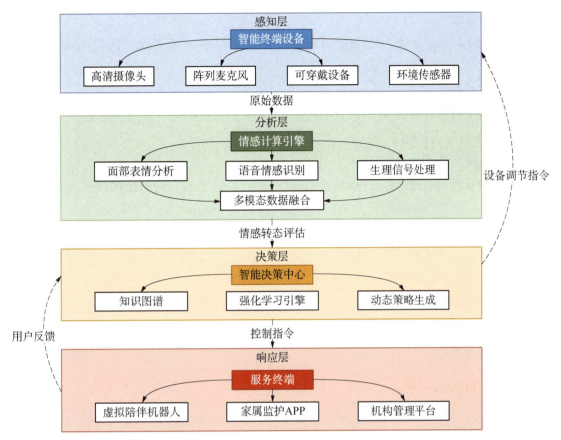

图 5-20 系统架构

特征,情感识别准确率达 92.3%。

(2) 生理指标融合分析

通过可穿戴设备实时监测心率变异性、皮肤电反应等生理指标,与行为数据融合分析,实现心理健康状态的综合评估。

(3) 分级预警机制

当检测到抑郁、焦虑等异常情绪时,系统依据情绪严重程度自动启动分级响应措施,涵盖环境氛围调节至通知家属及专业医疗团队。

2. 智能虚拟陪伴互动

(1) 共情式对话引擎

基于 GPT-4 架构优化的陪伴机器人,能够理解上下文并进行情感化回应,用户评价对话自然度高达 4.8 分(总分 5 分)。

(2) 个性化记忆唤起

通过回忆疗法技术,自动整理老年人人生故事,在适当时机触发愉快记忆,缓解负面情绪。

(3) 自适应活动推荐

根据情绪状态、身体条件和兴趣爱好,智能推荐音乐、视频、游戏等活动内容,智能推荐活动内容的准确率达到 87%。

3. 远程亲情增强功能

(1) 情感状态可视化

家属端 APP 直观展示老年人每日情绪变化曲线和高频互动时段,协助家属精准捕捉与老年人沟通的最佳时机。

（2）智能亲情提醒

当系统检测到老年人思念家人时，自动向家属发送"思念提醒"并推荐通话话题，使家庭成员间的情感联系频率提高了65%。

（3）数字亲情相册

自动整理家庭成员照片和视频，根据老年人情绪状态智能推送相关内容，增强家庭归属感。

4. 心理健康干预与认知训练

（1）阶梯式心理干预

针对不同严重程度的心理问题，提供从自助放松训练到AI心理咨询的阶梯式干预方案，有效缓解68%的抑郁症状。

（2）自适应认知训练游戏

自适应认知训练游戏根据用户表现实时调整难度，辅以正向激励反馈机制，实现了92%的高训练完成率。

（3）社交康复辅助

社交康复辅助系统通过分析团体活动中的情感互动数据，优化老年人的社交匹配策略，成功提升了57%的社交活动参与率。

5.5.3 应用价值与前景

在机构养老场景中，情感计算养老服务体系成为老年人心理健康的"守护者"。通过采用情感计算技术，智能养老系统能够全天候监测老年人的情感状态，及时发现并干预潜在的心理问题。这种技术的应用已经证明能够有效降低养老机构中抑郁的发生率，降幅达到42%；同时，减少精神类药物的使用量，降幅为28%。另外，系统提供的智能陪伴服务有效缓解了护理人员不足的压力，使情感关怀类事务处理时间缩短55%。

在居家养老场景中，系统通过智能终端虚拟陪伴机器人（见图5-21），提供情感陪护、日常提醒、健康管理和社交助手等一站式康养服务。数据显示，使用系统后，老年人孤独感指数降低32%，亲情互动满意度达到91%。

图5-21 虚拟陪伴机器人

在社区养老场景中，系统通过情感数据分析，帮助社区组织更符合老年人心理需求的活动，促进老年人社会参与度提升62%。系统还可对接社区医疗服务资源，为有需要的老年人提供及时的心理健康支持。

课后习题

一、单选题

1. 新一轮人工智能获得成功的最大特点是（　　）。
   A. 感知　　　　　　　　　　　B. 行动
   C. 学习　　　　　　　　　　　D. 决策

2. 人工智能从某种意义上来说就是人工＋智能，那以下需要人工做的工作是（　　）。
   A. 数据采集　　　　　　　　　B. 数据清洗
   C. 打标签　　　　　　　　　　D. 以上都对

3. 情感陪伴场景中，人工智能技术主要通过以下哪种技术识别老年人情感状态的？（　　）
   A. 语音识别　　　　　　　　　B. 情感计算
   C. 图像识别　　　　　　　　　D. 自然语言处理

4. 在健康管理场景中，人工智能技术辅助诊疗不包括以下哪项功能？（　　）
   A. 疾病诊断
   B. 手术辅助
   C. 健康建议推送
   D. 药物研发

5. 以下哪项不是"人工智能技术＋养老"的优势？（　　）
   A. 提升失能老年人的生活质量
   B. 缓解专业照护人才短缺
   C. 完全替代人工照护
   D. 满足老年人精神生活需求

6. 人工智能技术在养老中的应用不包括以下哪个方面？（　　）
   A. 虚拟助理　　　B. 辅助诊疗　　　C. 疾病风险预测　　　D. 传统手工护理

7. 在安全监护场景中，人工智能技术如何识别老年人的异常行为？（　　）
   A. 通过情感计算
   B. 通过计算机视觉和机器学习
   C. 通过语音识别
   D. 通过数据挖掘

8. "人工智能技术＋养老"的发展趋势不包括以下哪项？（　　）
   A. 将更"隐形"
   B. 将更"智能"
   C. 将"无处不在"
   D. 将完全取代人类护理

9. 人工智能技术辅助康养传感器主要通过哪种技术进行隐私保护？（　　）
   A. 数据加密
   B. 毫米波技术
   C. 量子计算
   D. 区块链技术

二、思考题

1. 对老年人来说,"AI+养老"除了让操作更简单、生活更便捷,还可以有哪些功能?

2. "人工智能技术+养老"服务系统的主要架构包括哪几层?每层的功能是什么?

3. "人工智能技术+养老"在医疗、健康和养护方面的应用场景有哪些?

模块 6

定位技术+养老关键技术分析

6.1 案例导读

案例 守护安全的定位技术

林阿姨已经77岁,患有早期认知障碍,并且由于关节炎的原因,行动变得不便。她住在一个现代化的养老社区,传统护理方式已经难以满足她的个性化需求。虽然社区提供了日常照料服务,但随着年龄的增长,林阿姨逐渐希望能够享有更多的自主性和自由,尤其是在她的健康监控和日常活动管理方面。家属常常因工作原因无法实时照料,养老院的工作人员也无法时刻陪伴。为了让林阿姨既能保证安全又能享受更大的独立性,养老院决定实施一种全新的、结合定位技术的健康管理与互动照护系统。

系统通过安装在养老院各个区域的智能传感器,结合林阿姨佩戴的智能手环,实时追踪她的活动和位置。无论是在室内走动,还是到达室外花园散步,定位技术能够精确识别她的位置并分析她的行为模式。系统能够智能推断她的日常习惯,如常去的活动区域和活动频率,并根据她的健康状况自动推荐合适的活动和锻炼。如果林阿姨的活动范围超出了安全预设区域(如走出院区或接近楼梯),系统会自动提醒护理人员,并在紧急情况下触发安全警报,确保及时响应。

系统还具备高效的紧急响应能力。如果林阿姨在任何情况下发生跌倒、急性病情或其他健康问题,佩戴的智能设备会立即检测到并触发警报。系统自动将警报传送给护理人员,并根据定位数据快速指引最短路线。此外,系统还与附近的医院系统联动,能够提供快速的医疗干预和远程会诊功能,确保林阿姨的任何紧急情况都能得到及时处理。

图6-1 具有定位功能的智能手环

基于室内、室外、活动区域等进行的定位技术，能有效监测老年人行踪，防范安全事故。应用定位技术照护老年人的方法与其他方法的对比，见表6-1。

表6-1 方案对比

方案\维度	爱心援助	SOS呼救	应用定位技术
功能性	增加老年人与他人的关系，缓解老年人的孤独感和失落感	便于操作，能够远程关心老年人情况	定位智能监护，即时关怀，远程社交减孤独
性价比	成本较低，依赖社区居民的自愿参与和互助	成本较高，对家庭经济条件有一定的要求	购买设备费用贵，长期运营则成本降低
及时性	及时性不够，事件发生过后才被发现	及时性不够，突发昏迷等情况无法及时得到救援	发现及时，能够迅速做出救援
综合评价	成本较低，加强与他人交流，但不能及时发现危险，无法及时得到救援	操作简单，成本较高，但突发昏迷等情况无法及时呼救	成本较高，能够远程关心老年人情况，也能减少老年人的孤独，能够及时处理突发情况

定位技术在养老领域可提供实时的健康监测、安全保障、生活便利及个性化服务的技术支持，极大地提升了老年人的生活质量与幸福感，见图6-2。

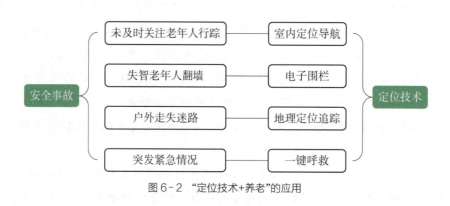

图6-2 "定位技术+养老"的应用

6.2 应用场景

在养老领域，采用室内定位技术方便室内管理，采用电子围栏技术方便老年人活动区域管理，采用GPS追踪器方便老年人室外大面积活动管理。

6.2.1 室内定位场景

室内定位系统是指在室内环境中实现位置定位，主要采用无线通讯、基站定位、惯导定位、动作捕捉等多种技术集成形成一套室内位置定位体系，从而实现人员、物体等在室内空间中的位置监控，如图6-3所示。

以小米智慧养老系统为例，运用室内定位技术，建立养老院人员定位系统来进行智能化管理。小米

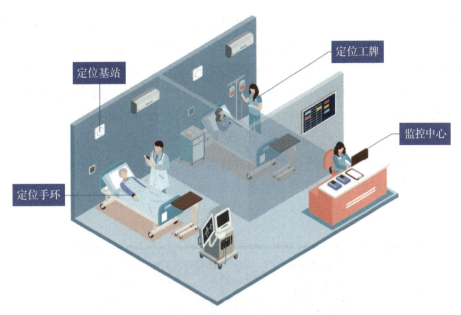

图 6-3　室内定位系统运用示意图

智慧定位系统以穿戴式设备为载体,如手环、腕表这种健康管理类可穿戴设备,将定位模块嵌入之后,结合定位信号收发器和云服务平台就可以完成对老年人的定位、追寻、防丢以及健康数据采集,经过管控后台即可看到相应数据展现分析。手环、腕表为主动上传数据模式,定位卡(手环)每 2 秒(可调)就发一个数据信号给定位基站,数据存储在服务器上,系统软件平台可以随时搜索园区任意老年人的位置信息。

图 6-4　智慧养老室内定位导航系统

首先,室内定位导航增强了老年人的自主性和独立性,使他们能更轻松地找到目标位置,如餐厅或医疗设施,减少困扰和焦虑。其次,这项技术提升了养老服务的效率和质量,帮助管理人员监控老年人的位置,迅速响应紧急情况。它还支持个性化照护和服务,根据老年人的偏好提供定制化建议或社交活动推荐。此外,它促进老年人的社交互动和参与,帮助他们找到社区活动场所,减少孤独感和抑郁风险。最后,它提高了养老设施的管理效率,即通过实时监控和数据分析,优化资源调配,提升整体服务质量和工作效率。

6.2.2　区域安全监测场景

在区域安全监测场景中,电子围栏是最先进的周界防盗报警系统,它由电子围栏主机和前端探测围栏组成。电子围栏主机产生和接收高压脉冲信号,并在前端探测围栏处于触网、短路、断路状态时能产生报警信号,并把入侵信号发送到安全报警中心;前端探测围栏是由杆及金属导线等构件组成的有形周界。通过控制键盘或控制软件,可实现多级联网。电子围栏是一种主动入侵防越围栏,对入侵企图做出反击,击退入侵者,延迟入侵时间,且不威胁人的性命,并把入侵信号发送到安全部门监控设备上,以保证管理人员能及时了解报警区域的情况,快速地作出处理。电子围栏在养老行业的应用,需要利用定位技术和智能监控系统,以提供老年人的安全保障和日常生活的辅助服务。

在一些高级养老社区或养老院,电子围栏技术被整合到智能化设施管理系统中。这些系统不仅能够提供老年人位置的监控,还可以结合健康数据监测老年人的生活习惯和健康状态,为老年人提供更精细化的个性化护理服务。

图6-5 电子围栏后台监测模拟图

例如,某公司的周界安全保护解决方案即包括电子围栏技术,用于监控和保护特定区域的边界。电子围栏系统可以设定安全区域,确保老年人在安全区域内活动,并在离开时发出警报。

另外,针对患有认知障碍或健忘症的老年人,院内外的电子围栏可以帮助预防走失,一旦有老年人试图离开允许范围,系统即刻通知照护人员介入。紧急事件响应方面,系统能够实时定位老年人的位置,并及时通知照护人员,以便快速响应老年人的紧急需求或突发事件。

还有,电子围栏系统还具备活动监测功能,记录老年人的日常活动轨迹和习惯,为评估健康状况、提高生活质量和制定照护计划提供数据支持。

6.2.3 户外活动场景

智能手表主要用于户外活动或移动场景,如跑步、徒步旅行、骑行等,通过内置的地理定位系统(如GPS、北斗)、蓝牙或Wi-Fi来获取位置信息,通常用于个人位置的跟踪和导航。在户外环境下,定位精度通常较高,可以提供较精确的位置信息。

在户外活动场景中,老人追踪器也基于定位技术。老人追踪器通常较小,易于安装或携带,通过卫星信号定位设备的位置,并通过网络传输数据到用户的设备或平台上。定位精度取决于设备的设计和信号接收情况,通常能够提供较为精确的位置信息,但可能受到天气、地形等因素的影响。

给老年人佩带一个老人追踪器,可以采集老年人的各种信息,如实时位置信息、行动轨迹、行走路线、去过哪些地方、停留过多长时间等,并将这些信息通过无线传输到服务器,家人和监护人员就可以通过电脑平台和手机APP来进行查看。老年人常常面临迷路或记忆力衰退的风险,通过老人追踪器,可以随时

图6-6 室外智能手表定位

知道老年人的位置，预防他们迷失方向或者意外离家。

6.3 知识要点

6.3.1 "定位技术+养老"的系统架构

定位技术与养老服务系统架构是一个复杂的体系，旨在通过整合多种技术和服务，提高老年人的安全、健康监测、生活便利以及社交支持。它可分为设备层、网络层、数据层、服务层、应用层五层，见图6-7。

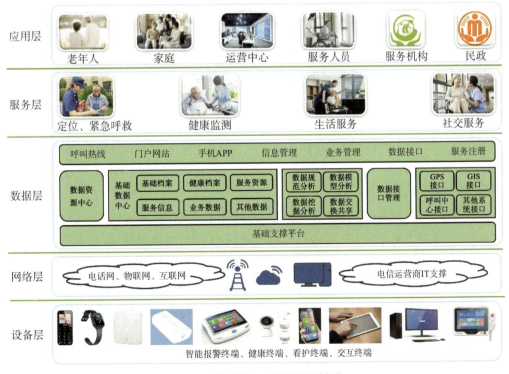

图6-7 "定位技术+养老"的系统架构

1. 设备层

设备层有定位设备和辅助设备,用于实时位置追踪的定位手表/智能手环通常配备紧急呼救按钮和健康监测功能,智能手机/平板提供更多功能和应用,支持实时通信、健康检测和定位。室内定位传感器用于室内高精度定位,健康检测设备则具备集成定位功能。像智能家居设备和可穿戴设备这类辅助设备通过与定位设备的联动,分别用来提供便捷的居家环境和监测老年人活动情况。

2. 网络层

网络层中通过无线通信(移动网络、Wi-Fi、蓝牙)提供广域覆盖和高宽带通信,支持实时位置数据传输、室内定位和短距离通信。此层中物联网平台用于连接各类设备,实现数据的采集、传输和初步处理。

3. 数据层

数据层中的云存储用于存储定位数据、健康检测数据和其他相关信息,本地存储是设备自带存储,用于临时保存数据,能够在无网络情况下确保数据不丢失。数据层主要进行实时数据处理和大数据分析,既能实现实时位置跟踪和紧急事件处理,又能够通过机器学习和数据挖掘分析老年人的行为模式,预测健康风险,提供个性化服务。

4. 服务层

服务层含有定位、健康监测、紧急呼救、生活、社交这五大服务。定位服务即实时追踪和地理围栏,提供老年人的实时位置显示和历史轨迹回放,并设置安全区域,在老年人超出范围时会发送警报。健康监测服务为老年人实时监测心率、血压、体温等健康指标,同时基于数据的分析为老年人提供健康风险预警。紧急呼救服务能够通过设备一键发送求救信号和位置信息,也能够自动检测跌倒事件并发送警报。生活服务则实现智能家居控制和日常提醒,如提醒老年人按时服药、参加活动等。社交服务能帮助老年人找到附近的社区活动、志愿者服务等,作为便捷的通信工具,也能帮助老年人与家属保持联系。

5. 应用层

应用层分为用户端应用、护理人员应用和管理平台这三部分,涉及老年人、家庭、运营中心、服务人员、服务机构、民政等。用户端为老年人设计了简洁易用的界面,提供位置查询、健康监测、紧急呼救等功能,家属则通过此应用实时查看老年人位置和健康状况,接收警报和提醒。护理人员应用中的监护系统能够集中管理多个老年人的位置和健康信息,提供紧急响应和护理计划。管理平台主要进行数据管理和服务配置,对所有数据进行统一管理和维护,配置和管理各种服务和功能模块。

6.3.2 "定位技术+养老"的发展现状

智慧养老作为一种新兴的服务模式,利用物联网、大数据、云计算等信息技术,为老年人提供更加个性化、智能化的服务,定位技术与智慧养老的关系是紧密且深远的。"定位技术+养老"的发展现状如下。

1. 安全监控与紧急响应

老年人由于身体原因,更容易发生跌倒、迷路等紧急情况。定位技术可以实时追踪老年人的位置,一旦发现异常情况,如老年人离开安全区域或长时间未动,系统即可自动报警,通知家人或养老服务人员及时响应。这种即时的定位与反馈机制极大地提高了老年人生活的安全性。例如,智能穿戴设备可监测老年人的生理状态,一旦发现心跳加速或跌倒等异常情况,立即通过地理定位功能发送求助信号,保障老年人的安全。同时,社区或医疗机构可以迅速响应,提供必要的医疗援助或日常护理,确保老年人在紧急情况下能够得到及时处理。

2. 日常生活辅助

定位技术可以辅助老年人的日常生活。室内外定位系统可以帮助老年人找到家中的物品,或在商场、机场等复杂环境中提供导航服务。结合移动支付和电子商务平台,老年人可通过定位服务轻松访问周边的商店和服务,实现线上购物与线下配送,提升生活的便利性。例如,通过智能手机应用,老年人可以获得周边超市的优惠信息,并通过定位导航到达店内,享受便捷的购物体验。此外,智能家居系统可以通过室内定位技术自动调整照明、温度等环境设置,适应老年人的活动模式,进一步提高生活质量。

3. 健康监测与管理

智慧养老中的定位技术还可以与其他健康监测设备相结合,如心率监测手表、血压计等,通过连续跟踪老年人的活动轨迹和身体状况,为医生提供全面的数据支持,进行疾病预防和健康管理。此外,定位信息还可以辅助记忆障碍患者的方向引导,防止走失。例如,智能手环不仅监测心率、血压等生理参数,还能通过地理定位记录老年人的活动路线,一旦发现异常行走模式,即可及时干预。同时,这些数据可以用于制定个性化的健康管理计划,如定期提醒用药、监测运动量等,帮助老年人更好地管理自己的健康。

4. 社交互动

定位技术可以帮助老年人更容易地参与社区活动。通过位置信息,可以推荐附近的娱乐活动、文化课程等,鼓励老年人走出家门,增加社交互动,提高生活质量。同时,家属也可以通过定位服务了解老年人的日常活动范围,及时与他们沟通和互动。例如,社区中心可通过定位技术向附近的老年人推送即将举行的书画展览信息,邀请他们参与,增进社交联系。此外,通过定位技术,老年人可以使用社交媒体应用,轻松找到附近的同龄人或具有共同兴趣的人,促进信息交流和情感分享,缓解孤独感。

5. 个性化服务的提供

通过定位数据,智慧养老系统可以学习老年人的行为模式和偏好,为他们提供个性化的服务。例如,根据老年人的常去地点推荐相关服务,如药品购买提醒、定期体检预约等。此外,通过对老年人活动范围的分析,可以优化社区资源的分布,如设置合理的休息点、娱乐设施等。例如,如果系统检测到某位老年人经常光顾公园的某个角落,可以在那里增设舒适的座椅和阅读材料,提供更加人性化的服务。同时,基于定位数据的深入分析,养老服务提供者可以设计定制化的旅游团、兴趣小组等,满足老年人的个性化需求,丰富他们的精神生活。

6.3.3 "定位技术+养老"的优势

"定位技术+养老"的应用带来了显著的优势,具体有以下几点。

1. 提高安全性

实时定位技术可以有效防止老年人走失,尤其对于患有认知障碍(如阿尔茨海默病)的老年人尤为重要。定位设备通常配备一键呼救功能,老年人在紧急情况下可以快速求助,确保及时获得救援。

2. 健康监测

通过定位设备的健康监测功能,可以实时获取老年人的心率、血压、体温等健康数据,及时发现健康问题。定位技术结合大数据分析,可以监测老年人的日常活动,识别异常行为并预警,如长期不活动、跌倒等。

3. 提高生活质量

结合定位技术,智能家居系统可以根据老年人的位置和需求自动调节灯光、温度、安保等,提高居住舒适度和便利性。根据老年人的定位和健康数据,提供个性化的生活和健康服务,如提醒按时服药、安排适合的活动等。

4. 减轻家属负担

家属可以通过手机应用实时查看老年人的位置和健康状况,减少对老年人的过度关注和担忧。系统可以自动发送提醒和警报,帮助家属更好地管理老年人的日常生活和健康。

5. 社会支持

定位技术帮助老年人找到附近的社区活动中心、志愿者服务等，增加社交互动，减少孤独感。通过定位技术，志愿者可以快速找到需要帮助的老年人，提供及时的支持。

6.3.4 "定位技术+养老"的局限

尽管"定位技术+养老"给养老行业带来了诸多优势，但也存在一些不可忽视的挑战和局限。

1. 技术局限

在高楼密集区、地下室等复杂环境中，GPS、北斗等信号可能被遮挡或反射，导致定位精度下降。室内定位技术（如 Wi-Fi、蓝牙）在一些情况下也可能不够准确。定位设备需要定期充电和维护，老年人可能无法自行处理这些问题。

2. 隐私和安全

实时定位涉及个人隐私数据，如果数据管理不当或系统被黑客攻击，可能导致老年人的位置和健康数据泄露。不当使用定位数据可能侵犯老年人的隐私权和自主权，导致心理压力和不安。

3. 成本问题

高精度定位设备和相关服务费用较高，可能增加家庭和社会的经济负担。设备的维护和更换也需要一定的成本和精力，可能对一些家庭造成压力。

4. 技术适应性

一些老年人对智能设备和新技术不熟悉，可能难以适应和使用定位设备。需要提供足够的培训和技术支持，帮助老年人和家属正确使用定位设备和系统。

5. 社会和心理因素

部分老年人可能不喜欢被持续监控，觉得隐私受到侵犯，产生抵触情绪。过度依赖技术可能导致老年人和家属忽视面对面的关怀和互动，影响家庭关系和老年人的心理健康。

6.4 知识拓展

6.4.1 定位技术的定义

定位技术通过不同的原理和手段，帮助确定物体或个体的准确位置和方位。定位技术在导航、地理信息系统、无人驾驶、智能交通等多个领域广泛应用。随着科技的进步，新的定位技术也在不断涌现。定位技术的核心是全球导航卫星系统，见图 6-9。

6.4.2 定位技术的体系架构

定位技术的体系架构通常包括感知层、网络层、解算层（定位算法层）和应用层（见图 6-10），这一体系架构指导定位技术系统的设计和实施，确保各个组件协同工作，实现精准、可靠的位置信息获取和应用。技术架构的设计需要考虑以下因素。

① 覆盖范围：系统需要覆盖的地理区域，包括室内、室外或两者兼有，这会影响基站的布局和信号的传输方式。

② 技术选择：根据需要选择合适的定位技术，如 GPS、UWB、蓝牙、ZigBee 等，不同技术在精度、功耗

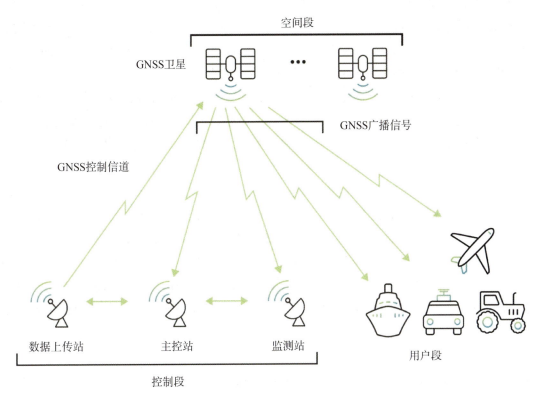

图 6-9 全球导航卫星系统

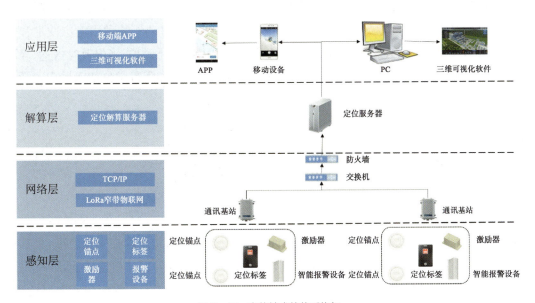

图 6-10 定位技术的体系构架

和成本上各有优劣。

③ 系统集成：定位系统需要与其他系统（如通信网络、数据处理平台等）进行集成，以实现更全面的功能。

④ 环境适应性：系统需要在不同环境下保持稳定性，特别是在信号遮挡或干扰较大的情况下，确保定位的准确性。

⑤ 数据安全与隐私：在设计时必须考虑如何保护用户的位置信息，确保数据传输的安全性，防止未授权访问。

定位技术的四个层,作用分别是:

① 感知层负责采集多种数据源,如卫星信号、传感器数据等。是获取和处理环境信息的关键部分,它通过各种传感器和设备收集数据(卫星信号、传感器数据等),并将这些数据传递给解算层进行进一步处理和分析。它的关键组件通常包括:传感器、惯性测量单元(IMU)、定位系统(如GPS)。

② 网络层负责处理和管理定位系统中涉及的通信、数据传输和网络连接。是连接和整合各个组件的关键枢纽,它不仅提供了设备之间的通信基础设施,还通过安全保护和资源优化,确保定位系统的可靠性、安全性和性能优化。它的关键组件通常包括:通信协议、网络拓扑和架构、实时性和延迟管理、云服务和分布式计算。

③ 解算层主要负责实现和执行各种定位算法和技术,如全球定位系统(GPS)、惯性导航系统等。解算层(定位算法层)是处理从感知层获取的数据并计算位置信息的关键部分。它的关键组件通常包括:位置算法、传感器融合、地图与环境模型、姿态和运动估计、实时处理和优化算法、定位结果评估和改进。

④ 应用层是与用户交互并实现具体应用功能的部分。提供具体的定位应用功能,如导航服务、位置跟踪、地理信息系统等。它的关键组件通常包括:位置服务接口、地理信息系统(GIS)集成、位置感知和上下文识别、导航和路径规划算法、位置相关的应用服务、用户界面和交互设计、安全和隐私保护机制。

6.4.3　定位技术的应用情况

定位技术在养老领域有着重要应用,能够为老年人提供更多的安全保障与便利,提高他们的生活质量。除了养老领域,定位技术在智能交通、精准农业、自动驾驶、物流运输等多个领域得到了广泛应用。在智能交通中,定位技术结合北斗或GPS和地图数据提供实时交通信息、最优路线规划;在精准农业中,它帮助农民通过精准定位调整施肥和农药喷洒,提升农业生产效率;自动驾驶利用定位技术和传感器实现高精度导航,提高行车安全;在物流运输中,定位技术为货物提供实时监控,确保及时送达。除此之外,定位技术还在紧急救援、环境监测、军事安全等领域发挥着重要作用,如通过定位技术实现求救者的快速定位,大大缩短了救援时间。

6.5　创新案例:下肢机器人

传统助行机器人在使用过程中,由于操作不当或设备老化等原因,可能存在安全隐患,尤其在面对复杂环境时容易发生操作失误,导致老年人使用体验较差甚至引发安全问题。相比之下,某机构开发的下肢机器人是一款基于先进定位技术的助行与康复机器人,专为衰弱老年人和需要居家康复的用户设计,能够满足室内外活动需求,支持简单家务操作、室外小范围无人驾驶和自主上下电梯等功能。此外,下肢机器人还能在遇到突发情况时,通过实时定位和远程通信技术,及时向相关人员汇报情况,确保老年人快速获得救援服务。

6.5.1　下肢机器人概述

下肢机器人集成了激光雷达、视觉传感器和惯性测量单元等多种传感器,通过采集周围环境信息并结合深度学习和计算机视觉技术,实现精准的路径规划和智能控制。老年人可以通过控制手柄、全自动导航甚至脑电波控制等方式操作该设备,大幅提升操作的便捷性与稳定性,见图6-11。这种多样化的操作模式使老年人能够轻松上手并充分利用设备进行助行与康复训练。此外,下肢机器人的结构设计充分考虑了老年人的身体特性,确保使用过程中的安全性和舒适性,在家中应用也非常方便,见图6-12。

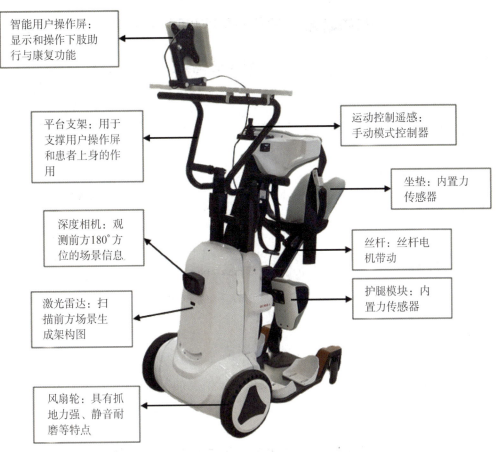

图6-11 下肢机器人的结构

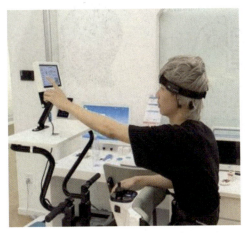 

图6-12 下肢机器人在家中的应用

6.5.2 下肢机器人的功能

下肢机器人主要有手动助行、脑控助行、智能返航等三大功能。定位技术在下肢机器人的这三大功能中有重要的应用。

1. 手动助行功能

操作杆由多个旋转轴组成,使用者推动或旋转操作杆时,会向机器人控制中心发送信号,经读取后可控制机器人进行执行"前进""后退""转向"等相应指令，操作简单，控制灵活。见图6-13。

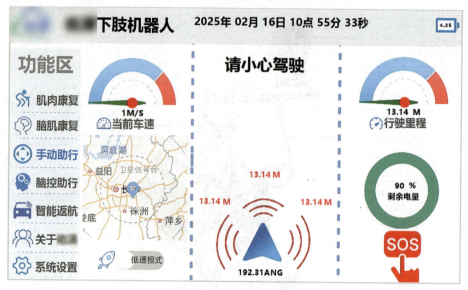

图6-13 下肢机器人手动助行功能

2. 脑控助行功能

通过脑电头箍采集用户脑电信号，与机器人操作构建一种连接渠道，从而控制机器人执行助行指令，脑电控制响应速度较快，自由度更高。且在发生突发情况的时候，能通过脑电信号迅速做出反应。见图6-14。

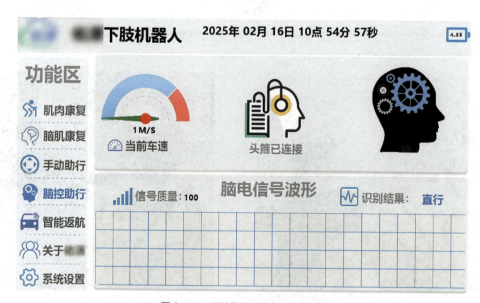

图6-14 下肢机器人脑控助行功能

3. 智能返航功能

通过地图库中储存的大量地图数据以及GPS、北斗等定位系统，构建了基于时间序列的模型，当出行时，可对场景变化特征进行区分，甄选出行道路，从而进行路径回溯，可实现小范围的无人驾驶，在老年人身体不适时，可以自动定位到附近医院进行救助，从而大大减小老年人出行的危险情况的发生。见图6-15。

图 6-15 下肢机器人智能返航功能

课后习题

一、单选题

1. 定位技术在养老领域最主要的应用是（　　）。

A. 导航服务　　　　　　　　　　B. 娱乐活动

C. 安全监控与防走失　　　　　　D. 餐饮服务

2. 以下哪项不是定位技术在养老院中应用的优势（　　）。

A. 提高安全性与生活质量　　　　B. 限制老年人的自由活动

C. 健康监测　　　　　　　　　　D. 减轻家属负担

3. 以下哪项不属于"定位技术＋养老"的系统架构（　　）。

A. 设施层　　　　　　　　　　　B. 网络层

C. 数据层　　　　　　　　　　　D. 应用层

4. "定位技术＋养老"的体系架构中，主要负责实现和执行各种定位算法和技术的是（　　）。

A. 应用层　　　　　　　　　　　B. 网络层

C. 感知层　　　　　　　　　　　D. 解算层

二、思考题

1. 什么是定位技术？

2. 定位技术在机构养老和居家养老中的应用有什么不同？

模块 7

物联网技术+养老关键技术分析

7.1 案例导读

案例 物联网技术：链接健康与幸福

王爷爷今年82岁，住在一个结合现代科技的创新型养老社区。由于长期独居，他渐渐感觉孤独，且在行动和记忆方面逐渐出现问题。他的家人由于工作繁忙，无法时刻陪伴他，因此王爷爷的情感需求和健康管理亟需创新的解决方案。传统的养老方式过于单一，难以兼顾老年人的身体、心理需求和社交生活。为了提供更为个性化和全面的照护，养老院决定打造一个基于物联网技术与虚拟助手的"沉浸式智能养老"环境。

王爷爷不仅佩戴了一款智能健康手环，以监测他的心率、血糖、血压等传统健康数据，还集成了其他物联网设备，如智能鞋垫、智能床垫等。这些设备通过传感器采集他的运动轨迹、睡眠质量、体温等实时数据。这些数据会上传至云平台，通过智能算法进行分析，生成详细的健康档案，提醒照护人员和家属关注他的健康动态，帮助及时发现问题。

例如，智能床垫可以监控他的睡眠姿势，提醒他避免长时间处于同一姿势，避免出现褥疮等健康问题。同时，智能鞋垫分析他的步态数据，如果步伐不稳定，系统会自动调节他的活动范围，减少跌倒风险。

养老院利用物联网采集的各类数据，通过人工智能进行数据挖掘，分析王爷爷的健康趋势，并生成个性化的健康建议。例如，如果他的血糖出现波动，系统会建议他调整饮食或运动习惯；如果系统分析出他的情绪有长期低迷趋势，虚拟助手会主动介入，建议他进行冥想、参加社交活动或与家人视频通话，帮助他保持积极心态。

图7-1 智能床垫

物联网技术在智慧养老中有着广泛的应用,和其他方案相比,有着显著的优势,见表7-1。

表7-1 方案对比分析

方案 维度	社区互助	雇人照顾	应用物联网技术
成本	成本较低,依赖社区居民自愿提供帮助和服务	成本较高,费用随服务级别和时间长短而异	购买设备费用贵,但长期运营成本会降低
便利性	依赖外界的帮助和安排,限制时间和空间	依赖外界的帮助和安排,限制时间和空间	有更便捷的服务,增强生活自主性和控制感
个性化	提供一定的个性化服务,难以达到智能化水平	提供一定的个性化服务,难以达到智能化水平	根据老年人的个性化需求,提供定制化的服务
心理健康方面	有社交互动和情感支持	缺社交互动和情感连接	可远程社交、娱乐,缓解老年人的孤独感

物联网技术为老年人在健康管理、安全监测、日常生活协助和社交互动等方面提供有力的技术支持,帮助老年人更好地保持健康、安全、舒适和社会参与。基于物联网技术的老年人安全管理应用,见图7-2。

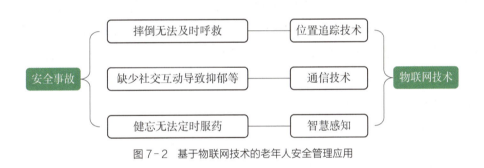

图7-2 基于物联网技术的老年人安全管理应用

7.2 应用场景

基于物联网技术,我们可以在应急呼救、社交互动、按时吃药等方面为养老服务提供技术支持。

7.2.1 应急呼救场景

智能监控与应急呼救技术在养老服务中发挥着关键作用。通过物联网技术的应用,智能监控系统能够实时追踪老年人的活动和健康状况。这些系统通常包括智能传感器、摄像头和健康监测设备,能够检测到突发事件或异常行为,并及时向家属或照护人员发出警报。

在紧急情况下,智能监控系统能够自动启动应急呼救程序。例如,通过紧急求助按钮或语音识别技术,与急救中心或预设联系人建立通讯,并提供关键信息如老年人的位置和健康状况,以便及时救援。

例如,广东某公司推出的联通云看护智能摄像机为老年人群提供了强大的安全监测功能,其主要特点是具有实时跌倒监测和意外秒级告警功能:通过先进的人形侦测算法和环境分割技术,摄像机能够准确识别人体,尤其是跌倒等异常情况,并在发生事件时立即通过多种方式通知紧急联系人,从而及时处理潜在的紧急情况,有效降低了被看护对象因无人发现而遭受伤害的风险。联通云看护智能摄像机见图7-3。

图 7-3 联通云看护智能摄像机

在硬件方面,摄像机配备了双颗超清镜头,实现了对监控画面的 3D 空间还原和分析,相比普通摄像机的 2D 画面分析,提高了人体姿态识别的准确率。此外,摄像机还通过大量的跌倒测试数据积累,进一步提升了跌倒监测的准确性,使其在多种空间场景下都能稳定运行。用户可以通过"联通智家"APP 方便地操控摄像头,实时查看监控画面或回放历史视频,并进行双向语音对讲。

例如,李老太太是一位 75 岁的独居老人,子女常年在外地工作,无法时刻照顾她。为了确保母亲的安全,他们安装了联通云看护摄像机在她的居室内。有一天,王老太太突然感到不适,试图拨打子女的电话却无人接听。幸好,联通云看护摄像机发现了她异常的行为模式,立即向子女发送了警报。子女迅速联系了邻居前去查看,并紧急联系了医护人员。幸运的是,他们及时发现了李老太太的情况,为她提供了及时的医疗救治,避免了潜在的危险。

7.2.2 社交互动场景

在当今快节奏和高度数字化的社会中,越来越多的老年人面临着独居、孤独和社交孤立的问题。许多老年人由于身体健康状况的限制或者家庭成员的远离,往往面临着日常生活中的孤独感和隔离感。长期的社交孤立不仅会影响到他们的心理健康,甚至导致抑郁和其他心理疾病的风险增加,还可能加剧身体健康问题的发展。

随着物联网、智能设备和社交媒体的普及,老年人的社交模式正在发生深刻的变革。智能手机、平板电脑和智能电视等设备的普及,使得老年人能够更轻松地与家人、朋友和社区保持联系。社交媒体平台为老年人提供了与他人分享生活和观点的平台,同时也为他们提供了获取信息和参与社会活动的途径。

例如,Senior Planet 是个专为老年人设计的在线社区和资源平台,旨在通过技术和社区活动帮助老年人提高生活质量,保持社交活跃,老有所学。平台提供多样化的数字课程、活动和资源,涵盖智能手机、平板电脑和台式电脑的使用技能,以及数字素养、网络安全和基本编程等主题,帮助老年人更好地适应数字化时代。社交互动方面,Senior Planet 提供论坛、讨论组和虚拟聚会等平台,让老年人能够交流和分享经验,减少孤独感,增加社交联系。此外,平台还提供健康讲座、健身课程和健康挑战,鼓励老年人保持健康的生活方式,见图 7-4。文化娱乐方面,Senior Planet 组织电影俱乐部、书籍俱乐部和音乐欣赏活动,满足老年人的文化需求和娱乐兴趣。平台还通过线上和线下活动及旅行,为老年人提供探索和体验的机会。

除了社交平台以外,"小度"和"小爱"也陪伴老年人扩展了 Senior Planet 的服务范围。这些技术工具可以帮助老年人更便捷地获取信息、管理日常事务,甚至提供语音交互的功能,使他们能够通过简单的语音指令获取信息、设置提醒或者播放音乐等。这种技术的使用不仅提高了老年人的生活便利性,还可以减少他们与数字设备的沟通障碍,使他们更容易融入数字化生活。

图 7-4 老年人社交新模式

上述案例的社交互动中,运用了物联网的通信技术。通过使用轻量级的通信协议,如 MQTT 和 CoAP,设备可以在低带宽和高延迟的环境中有效地传输数据。同时,HTTP/HTTPS 等协议用于设备与云端服务器之间的安全数据传输。

此外,在社交互动中,老年人可以远程控制家庭设备,并与其他老年人分享使用经验,形成互动社区。例如,社交功能的集成使得用户能够记录运动数据并与朋友分享,促进健康生活方式的交流。这样,物联网社交应用能够实现更丰富的用户体验,为用户带来便利和乐趣。

7.2.3 用药管理场景

当老年人生病时,往往需要按时服用多种药物,但记忆力减退的老年人容易漏服或迟服药物。智能药盒依托物联网技术,在养老服务中扮演多重角色:提供用药提醒、控制剂量、管理药品、监控保质期,增强互动性,并设计适应老年人的需求。老年人忘记服药时间或忘记剂量时,智能药盒通过声音提醒老年人按时服药,有效避免漏服或迟服现象。这种技术不仅提升了老年人生活的便利性,也增加了家属和照护人员的安心感。

例如,某款智能药盒是专为提升药物依从性而设计的,适用于老年人等长期服药者。药盒的设计简化了复杂的用药流程,以一周容量分隔药物和每日剂量,支持蓝牙或 Wi-Fi 连接,并通过手机 APP 提供个性化提醒。药盒不仅会自动释放药物,还能记录服药时间与剩余药量,实时追踪用户的用药情况。记录的数据可以通过云端同步至家属或医生,用于定期生成用药报告,评估药物依从性。此外,该款智能药盒配备了温湿度传感器,确保药物储存条件适宜,避免因环境因素导致的药效降低。

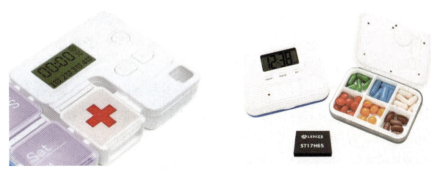

图 7-5 智能药盒

智能药盒与物联网智慧感知的结合,见图7-6。它为老年人和慢性病患者的用药管理提供了显著的便利与安全性。智能药盒通过定时提醒、用药记录和药物管理功能,确保用户按时服药,简化操作流程,特别考虑了老年人的使用习惯。物联网技术通过实时监测和数据分析,跟踪药盒的使用情况,将信息上传至云端,及时反馈给用户和家属。该系统不仅能检测漏服情况并发出警报,保障用户安全,还能通过大数据分析为医疗决策提供支持,帮助医生制定个性化的用药方案。整体而言,智能药盒与物联网的结合显著提升了用药依从性,增强了家庭关怀,同时为医疗管理提供了新的思路。

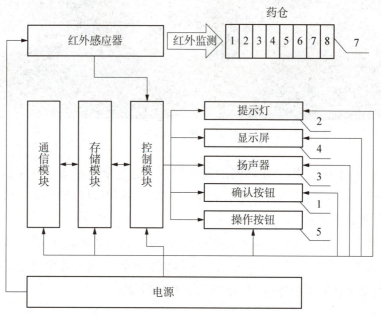

图7-6 智能药盒与物联网智慧感知的结合图解

7.3 知识要点

7.3.1 "物联网技术+养老"的系统架构

构建在物联网上的养老服务平台,提供用户管理、服务提供、数据分析等功能。平台通过用户界面(如APP、网页等)与老年人及其家属进行交互,提供健康监测、生活照料、医疗护理等养老服务。

"物联网技术+养老"中,物联网系统架构可分为三层:感知层、网络层和应用层,见图7-7。

① 感知层主要作用是感知和识别对象,采集并捕捉信息,由各种传感器以及传感器网络构成,包括温度传感器、湿度传感器、二维码标签、RFID标签和读写器、摄像头、GPS等各种感知终端。它可以部署到世界上任何位置,感知环境和识别的对象也不受限制。

② 网络层主要负责传递和处理感知层获取的信息,由各种私有网络、互联网、有线和无线通信网、网络管理系统和云计算平台等组成,它可以依托公众电信网和互联网,也可以依托行业专业通信网络。

③ 应用层是互联网和用户(包括人、组织和其他系统)接口,它与行业专业技术需求相结合,实现智能化。具体是提供各种具体的养老服务应用,如健康咨询、紧急救援、生活助手等。这些应用基于数据分析结果,为老年人提供个性化的服务建议。

图 7-7 物联网系统架构

以智慧养老社区为例,其系统架构可包括以下几个部分。

① 智能设备:在社区内安装智能门禁、环境监测设备、智能安防系统等,为老年人提供安全、舒适的生活环境。

② 社区养老服务平台:搭建社区养老服务平台,提供健康管理、生活服务、文化娱乐等功能。老年人可以通过手机 APP 或社区终端机访问平台,享受便捷的养老服务。

③ 数据分析中心:对老年人数据进行收集和分析,为社区养老服务提供数据支持。通过数据分析,可以发现老年人的潜在需求和服务短板,从而优化服务内容和流程。

④ 合作机构与服务商:与医疗机构、家政服务公司、志愿者组织等合作,为老年人提供更加全面的养老服务。

这样的系统架构能够实现养老服务资源的整合与共享,提高养老服务的效率和质量,满足老年人多样化、个性化的需求。

7.3.2 "物联网技术+养老"应用的优势与劣势

1. "物联网技术+养老"应用的优势

① 实时监控与数据收集:通过各种传感器和智能设备,能够实时监控老年人的健康状况(如心率、血压、血糖等)和生活环境(如温度、湿度、空气质量等)。实时数据收集有助于及时发现和处理异常情况,提高老年人的安全保障。

② 个性化健康管理:基于收集到的数据,系统能够进行健康分析和评估,提供个性化的健康建议和管理方案。通过人工智能和机器学习技术,可以预测健康风险,提供早期预警和干预。

③ 提升老年人独立性和生活质量:通过智能家居设备(如智能门锁、智能照明、智能温控器等),老年人可以更方便地控制家中的设备,提升生活质量。远程医疗服务使老年人能够在家中接受医疗咨询和护理,减少外出就医的频率和风险。

④ 紧急响应和安全保障:系统能够检测老年人的紧急情况(如摔倒、健康指标异常等),并自动发出警报通知家属和护理人员,确保老年人能够及时获得帮助。

⑤ 位置追踪和防走失:通过地理定位和电子围栏技术,可以实时追踪老年人的位置,特别是对有认知障碍的老年人,防止其走失。

⑥ 数据分析与决策支持:利用大数据和人工智能技术,系统能够对收集的数据进行深入分析,为决策提供支持,优化养老服务。

2. "物联网技术+养老"应用的劣势

① 隐私和数据安全：大量个人健康数据的收集和存储带来了隐私泄露的风险，需采取严格的安全措施保障数据安全。数据传输和存储过程中可能存在被黑客攻击的风险，增加了系统的安全性挑战。

② 技术复杂性和可靠性：物联网系统涉及多种硬件设备和软件平台的集成，技术复杂性较高，可能面临设备故障、网络不稳定等问题。系统的可靠性和稳定性对老年人的安全至关重要，需要保证系统的高可用性和故障快速恢复能力。

③ 成本和可负担性：部署和维护"物联网技术+养老"系统需要一定的成本，包括硬件设备、软件平台和技术支持等，可能对部分老年人和家庭构成经济负担。尽管长远来看可以节省医疗和护理成本，但初期投入较大，需要合理规划和预算。

④ 用户接受度和技术熟悉度：老年人对新技术的接受度和熟悉度较低，可能对使用物联网设备和应用带来困难。需要提供简便易用的界面和良好的用户体验，同时，需要进行适当的培训和指导。

⑤ 数据质量和准确性：传感器和设备的精度和可靠性直接影响数据的质量和准确性。数据误差和故障可能导致错误的分析和判断，需要进行严格的设备校准和数据验证。

7.4 知识拓展

7.4.1 物联网的定义

物联网（Internet of Things，IoT）是指通过互联网连接各种设备和物体的技术。这些设备通过嵌入式传感器、软件和其他技术，能够收集、交换和分析数据，实现对环境的实时监测与控制。物联网赋予普通物体互联互通的能力，从而实现智能化、自动化，以及远程操作与管理。它不仅连接人与人、人与物，还连接物与物，构建起一个全面感知、智能交互的网络，见图 7-8。

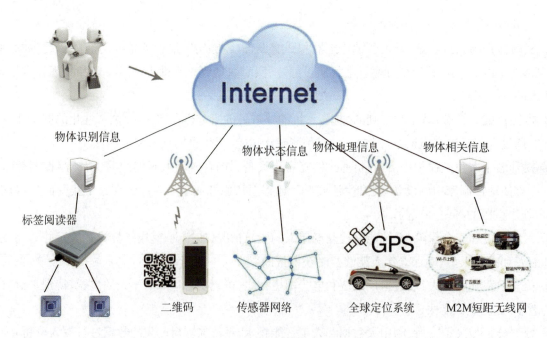

图 7-8 物物相连的网络

7.4.2 物联网的技术架构

物联网的技术架构侧重于实现物联网系统所需的技术细节和方案。它关注如何选择和组合各种技术组件（如传感器、通信技术、数据处理技术等），以实现物联网系统的功能需求。技术架构的设计需要考虑以下因素：

① 硬件选择。包括传感器的类型、精度、功耗等，以及通信模块的选择（如 Wi-Fi、蓝牙、ZigBee 等）。

② 通信协议。确定设备之间通信所使用的协议和标准，以确保数据的可靠传输。

③ 数据处理。选择适合的数据处理技术和算法，对采集到的数据进行清洗、分析和挖掘，以提取有价值的信息。

④ 云服务和数据存储。利用云计算技术提供数据存储、处理和分析服务，以及实现设备之间的远程管理和控制。

⑤ 安全和隐私保护。采用数据加密、身份验证、访问控制等技术，保护物联网系统的安全和用户的隐私。

物联网系统运行遵循一套完整的原理流程，从数据采集到应用与服务共有 6 个步骤，形成闭环，见图 7-9。

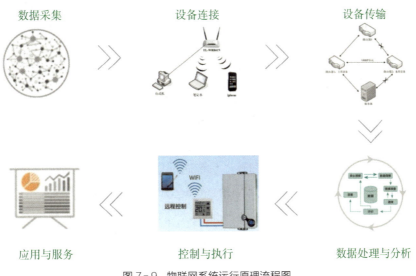

图 7-9 物联网系统运行原理流程图

① 数据采集。物联网系统中的传感器和设备负责收集各种类型的数据，如温度、湿度、速度等。这些数据是物联网系统的基础，用于监控和控制物理设备的状态和行为。

② 设备连接。物联网设备通过有线或无线网络（如 Wi-Fi、蓝牙、LoRaWAN、NB-IoT 等）连接到互联网。设备如智能家居设备、交通设备等，通过网络实现互联互通。

③ 数据传输。物联网设备收集到的数据通过网络传输到云端或本地服务器。数据传输过程使用不同的通信协议，如 MQTT、CoAP、HTTP 等，以适应不同的应用场景和需求。

④ 数据处理与分析。收集到的数据需要进行处理和分析，以提取有用的信息。这可能涉及数据清洗、数据融合、数据挖掘、机器学习等技术。数据处理和分析可以在云端、本地服务器或边缘设备上进行，根据实际需求和资源限制进行选择。

⑤ 控制与执行。物联网系统可以根据数据分析结果对物理设备进行控制和执行。例如，可以通过智能家居系统远程控制空调温度，或者通过工业物联网系统自动调整生产线的速度。

⑥ 应用与服务。物联网技术可以应用于各种场景，如智能家居、智能交通、智能工厂、智能农业等。

通过物联网技术,可以实现设备监控、远程控制、预测性维护、能源管理等功能,提高生活和工作的便利性和效率。

7.4.3 物联网技术的应用

除了在养老领域有着重要的应用,物联网技术还广泛应用于智能家居、智能交通、智能医疗、智能农业、智能工业等领域,为社会发展和生活带来很多便利。例如,在智能家居中实现家用设备远程控制;在智能交通中优化交通信号和车辆监控;在智能医疗中支持远程健康监测和疾病管理;在智能农业和工业中分别提高精准管理和自动化水平。

其实,在我们的大学学习和生活中,物联网技术也发挥着重要作用。

① 智能教学设备管理。在教学设备管理方面,物联网技术通过智能设备监测系统等,为学校提供智能化的设备管理,通过在学校设备和资产上贴 RFID 标签,实现了对资产的实时定位和动态监控。例如,智能传感器可以实时监测教室投影仪、教学电脑等设备的运行状态,在设备出现故障前进行预警,便于学校及时安排维修。同时,通过记录设备的使用数据,学校可以优化设备的采购和调配方案,提高设备的使用效率。

② 校园学习服务网络化。物联网技术能够将校园学习服务平台与学生的日常学习深度结合,形成全覆盖的学习服务网络。通过在校园内部部署 RFID 读写器,实现对学生的就餐、图书借阅、门禁等行为的自动化管理。同时,物联网平台可以根据对学生学习进度和兴趣爱好的采集数据,自动推送个性化的学习资料和课程推荐,实现精准化的学习服务。

③ 智慧校园安全监控。在校园安全领域,物联网技术不仅限于门禁管理和视频监控,还拓展到对校园环境和学生行为的安全监测。例如,基于行为识别技术的传感器可以监测学生在校园内的活动轨迹与行为模式。在环境安全方面,智能传感器可以实时监测校园内的空气质量、水电设施等情况,一旦出现异常立即采取自动化防护措施,保障师生的安全和校园的正常运转。

④ 多模态数据融合与学习洞察。物联网教育系统通过整合多模态数据如学生的学习行为数据、课堂表现数据、考试成绩数据等,实现对学生学习状态的全面感知和精准评估。例如,通过融合学生在课堂上的注意力集中程度、参与互动的频率与课后作业完成情况等数据,系统能够提供个性化的学习报告,并对学生未来的学习发展进行科学预测,从而为教师提供更全面的教学管理方案,帮助学生更好地提升学习效果。

7.5 创新案例:中央热水节能管家

7.5.1 中央热水节能管家概述

某机构开发的中央热水节能管家是一款基于物联网技术的智能化热水管理系统(见图 7-10),专为满足现代生活需求而设计。相比传统热水系统,该产品不仅实现了智能化管理,操作简便且易于使用,还能有效解决因操作不当或设备老化引发的安全隐患。

对于老年人群而言,稳定的热水供应是日常生活的基本需求之一。中央热水节能管家通过智能化管理,确保热水系统的高效稳定运行,为养老人群提供持续、稳定的热水供应,从而提升他们的生活品质。中央热水节能管家通过智能化的设计,使得管理人员和老年人子女能够轻松地进行远程监测、控制和管理,降低了老年人操作难度,适用于养老院、老年公寓、社区养老服务中心、老年人家庭等场所。

图 7-10 产品展示

7.5.2 中央热水节能管家功能

物联网技术在中央热水节能管家这款产品中有着重要的应用。中央热水节能管家功能主要体现在以下几个方面。

1. 远程监测与控制

实时监测:物联网技术使得管理人员、维保人员和用户能够远程实时监测中央热水系统的运行状态,包括水温、流量、压力等关键参数。这种实时性大大提高了系统运维的效率和响应速度。

远程控制:通过物联网平台,用户可以实现远程控制设备的启停、调节水温等操作,打破了传统控制方式的空间限制,提高了系统的灵活性和便捷性。

中央热水节能管家系统工作流程,见图 7-11。

图 7-11 中央热水节能管家系统工作流程图

2. 数据采集与分析

数据采集:物联网技术通过安装在热水系统各关键节点的传感器,实时采集系统的运行数据,并传输至云端进行存储和分析。这为后续的节能优化和故障预警提供了丰富的数据源。

数据分析:基于物联网平台的大数据分析技术,可以对采集到的数据进行深度挖掘和分析,发现系统运行中的潜在问题和优化空间。通过数据分析,可以为用户提供精准的数据支持和决策依据。

3. 故障预警与诊断

故障预警：物联网技术能够实时监测系统的运行状态，一旦发现异常或潜在故障，会立即触发预警机制，提醒管理人员及时处理。这种预警机制大大降低了系统故障对正常供水的影响。

故障诊断：通过物联网平台的数据分析和故障诊断功能，可以快速定位系统故障的原因和位置，为维修人员提供准确的故障信息和维修指导，缩短故障排查和修复的时间。

4. 智能化管理

AI 医生与 AI 管家功能：物联网技术赋予热水能源监管平台 AI 医生和 AI 管家的功能。AI 医生功能能够自动巡检设备、分析数据、预警故障等；AI 管家功能则提供数据监测、节能调控、远程控制等多元化管家服务，见图 7-12。

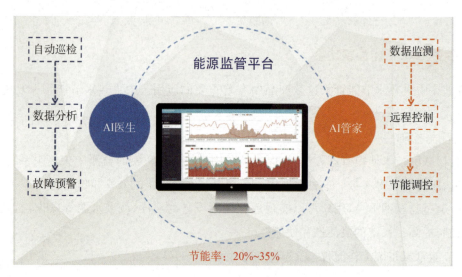

图 7-12　监管平台图

课后习题

一、单选题

1. 在养老护理中，物联网技术可以通过（　　）方式帮助监测老年人的健康状况。

　　A. 纸质健康记录　　　　　　　　B. 可穿戴设备（如健康手环）

　　C. 手动记录体征　　　　　　　　D. 传统电话沟通

2. 以下（　　）物联网设备最适合用于老年人居住环境的安全监测。

　　A. 视频监控摄像头　　　　　　　B. 智能冰箱

　　C. 智能手表　　　　　　　　　　D. 家庭音响

3. 物联网技术如何帮助老年人提高生活质量？（　　）

　　A. 提供社交媒体平台　　　　　　B. 降低智能设备的使用

　　C. 实现远程健康监测与报警　　　D. 限制设备访问

4. 在养老院中，物联网技术能够提高管理效率的方式是？（　　）

　　A. 依赖人工记录　　　　　　　　B. 使用传统管理软件

　　C. 增加员工数量　　　　　　　　D. 实时监控老年人活动与健康

二、思考题

1. 物联网的主要组成部分有哪些?

2. 请分析创新案例中央热水节能管家系统中,哪些地方使用了物联网技术,该系统还能应用到哪些养老场合。

3. 物联网技术在养老服务中面临哪些挑战?

模块 8

传感器技术+养老关键技术分析

8.1 案例导读

案例　　　　　　　　　　为老年人传递舒适与安全的传感器

刘阿姨今年已经79岁，住在一家综合性养老院里。由于她的行动逐渐不便，且患有慢性病（高血压和糖尿病），她的家人和护理人员对她的健康和安全十分关注。传统的养老服务方式虽然能够满足基本需求，但刘阿姨的健康状况和生活需求非常个性化，常常需要额外的关注和定制化服务。然而，养老院内的工作人员人数有限，无法做到对每一位老年人的个性化关注。为了提升刘阿姨的生活质量，并确保她的健康和安全，养老院引入了一套基于传感器技术的智能养老系统，利用数据实时监测、个性化提醒和环境调节等功能，提供更加精细化和智能化的服务。

刘阿姨对环境非常敏感，尤其是温度和湿度的变化，影响她的睡眠和舒适感。系统安装了智能环境传感器，实时监测刘阿姨房间的温度、湿度和空气质量。如果检测到空气湿度过高或温度过低，系统会自动调节空调、加湿器等设备，确保她的居住环境始终适宜。同时，系统还会根据刘阿姨的作息规律智能调节房间光线，帮助她在晚间放松入睡，并避免过于刺眼的光源影响睡眠质量。

图 8-1　基于传感器技术的智能养老系统

在刘阿姨的房间内和公共区域，安装了高精度的行为识别传感器，能够追踪她的活动模式。通过算法分析，系统能够识别她的日常活动是否正常，如步态是否稳定，是否有跌倒风险，甚至是否有异常行为（如长时间处于某一位置不动）。系统还能识别她是否迷失方向，尤其是在出门时，避免她因记忆衰退而走失。一旦系统检测到异常，立即发送紧急预警并启动智能导航功能，引导刘阿姨返回安全区域，或者通知护理人员进行现场干预。

传感器技术除了在智能养老系统中有着重要的应用，在居家养老中，也发挥着重要的作用。例如，对于煤气灶等设备的检查和危险防范中，传感器技术有显著优势。自主检查、雇人检查、应用传感器技术检查三种方案的对比见表 8-1。

表 8-1 方案对比

方案维度	自主检查设备	雇人检查设备	应用传感器技术检查
安全性	缺乏专业设备和技能,存在安全隐患	经过专业培训,无安全隐患	实时检测并发出警报,快速反应
经济性	无需支付检查费用	整体费用较高	报警器价格低
便利性	灵活性较大	需要预约时间,时间安排受限	反应灵敏,操作方便
环境影响	使用的专业工具和材料可能会对环境产生一定的影响	通常采用低能耗设计,环保性好	无影响

总之,传感器技术应用广泛,它能够提升各种设备的智能化水平,如自动调节室内温度、检测空气质量或监控能源使用。这不仅提高了生活的便利性、舒适度和安全性,还能优化资源使用,节省开支。

基于传感器技术的老年人安全管理方案,见图 8-2。

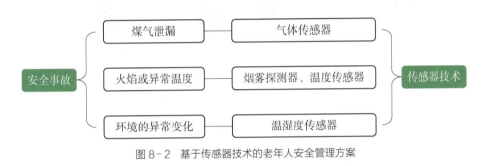

图 8-2 基于传感器技术的老年人安全管理方案

8.2 应用场景

传感器种类众多,有的传感器可应用于环境监测,有的传感器可应用于人体监测。下面介绍的应用场景均属于环境监测。

8.2.1 生活安全监测场景

气体泄漏检测系统(见图 8-3)可以实时监测室内气体浓度,及时发现如天然气或其他易燃易爆或有害气体的泄漏。这些系统通常包括气体传感器、警报器和自动切断装置。当传感器检测到气体浓度超过安全阈值时,会触发警报并可能自动关闭气体阀门,从而防止潜在的爆炸或中毒事故。

1. 系统组成

① 气体传感器:在厨房和供暖设备附近安装了气体传感器,专门检测天然气或其他易燃、易爆、有害气体的泄漏。气体传感器可以检测到气体浓度的微小变化,并在检测到泄漏时迅速报警。

② 报警系统:系统通过声音警报和闪烁灯光提醒养老院的工作人员或住户,警报系统还与养老院的紧急响应中心相连接,一旦发生报警,中心会立即派遣人员处理情况。

③ 自动切断装置:在气体泄漏发生时,气体传感器会通过自动切断装置自动关闭气体供应阀门,减少泄漏量并防止潜在的爆炸危险。

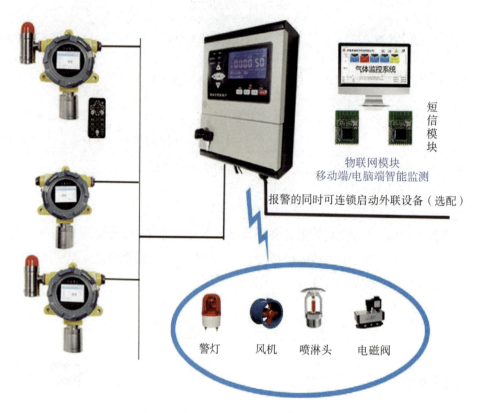

图 8-3 气体泄漏检测系统

2. 养老院案例

在一家位于城市中心的养老院中,住着几十位高龄老年人。为了确保老年人的安全,养老院决定安装先进的烟雾和气体泄漏检测系统。系统的设计不仅关注了老年人的生活舒适度,还考虑到了他们可能面临的各种安全隐患。某天晚上,养老院厨房的传感器检测到天然气浓度突然上升。系统立即触发了警报,工作人员迅速赶到现场,发现是由于一个灶具漏气引起的。气体泄漏检测系统不仅发出了警报,还自动关闭了气体阀门,防止了事故的进一步发展。工作人员在确认气体泄漏问题得到解决后,重新启动了气体供应并进行了详细检查,确保所有设备正常运作。

养老院的烟雾探测器在一次厨房火灾演习中也发挥了关键作用。虽然是模拟演习,但探测器成功识别出烟雾并触发了警报,让所有住户和工作人员都在第一时间得到了疏散通知,确保了每个人的安全。

通过安装烟雾和气体泄漏检测系统,养老院不仅提升了住户的安全保障,还优化了日常管理和应急响应能力。这一系统有效地减少了潜在的气体泄漏风险,为老年人提供了一个更加安全的生活环境。

8.2.2 意外情况报警场景

1. 系统组成

火灾报警系统应用了烟雾探测器和温度传感器,此系统无论是在养老院中应用,还是在居民居所中应用,都是确保安全的重要措施。火灾报警系统见图 8-4,组成如下:

① 烟雾探测器。光电型,检测烟雾颗粒散射光线,适用于大多数环境。离子型,检测烟雾粒子引起的电流变化,对快速燃烧的火源特别敏感。

② 热探测器。固定温度型,在温度达到预设值时触发报警,适用于静态环境。温度上升率型,检测温

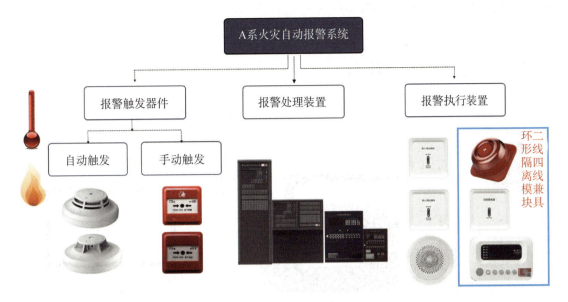

图 8-4 火灾报警系统

度快速上升,适合高温变化的火源。

③ 火警控制面板。集中控制,接收探测器信号,分析数据并触发报警,协调多个探测器的报警信息。显示屏和指示灯,显示报警位置和系统状态。

④ 报警设备。声光报警器,发出响亮的警报声和闪烁的灯光,提醒人员疏散。自动通知系统,自动通知消防部门或紧急响应团队。

⑤ 手动报警按钮。安装在关键区域,允许工作人员或住户手动触发警报。

2. 养老院案例

一次深夜,养老院的走廊静悄悄的。李奶奶在自己的房间里熟睡。突然,房间内的烟雾探测器感知到烟雾的出现,立刻触发了火警控制面板。控制面板上的显示屏开始闪烁,指示出火源的具体位置。

紧接着,声光报警器在整个养老院内响起并闪烁。报警器发出刺耳的警报声,并伴随着闪烁的红色灯光,立刻打破了夜晚的宁静。李奶奶被惊醒,意识到周围的异常,试图起身查看情况。

同时,养老院的工作人员听到报警声后,迅速反应,奔向火警控制面板。通过显示屏,他们确认了火源的位置,并了解当前的系统状态。工作人员立即启动了自动通知系统,向消防部门报警,并开始按照预定的疏散程序行动。

在每个楼层,手动报警按钮被及时按下,确保所有区域的人员都能收到火灾的警报。工作人员穿梭在走廊里,轻声呼唤每位住客,并帮助他们快速、有序地从房间中撤离。

李奶奶的照护人员进入她的房间,迅速帮助她穿上外衣。尽管李奶奶有些迷茫,但在照护人员的引导下,她很快意识到火灾的严重性,并顺利跟随人员走出房间。

在撤离过程中,工作人员确保所有住客都按照安全路线离开,最终将他们安全带到养老院的集合点。火警控制面板显示出火灾已经得到控制,工作人员确认了所有人员的安全状态。

随着消防队员的到来,火灾被迅速扑灭。虽然有一些烟雾和轻微的损害,但由于火灾报警系统的及时响应,所有人都安全无恙。

8.2.3 居家环境控制场景

由于老年人对温度和湿度变化较为敏感,大部分养老院都引入环境温湿度监测和自动控制系统,系

统中也使用了传感器技术。环境温湿度监测系统见图8-5,组成如下:

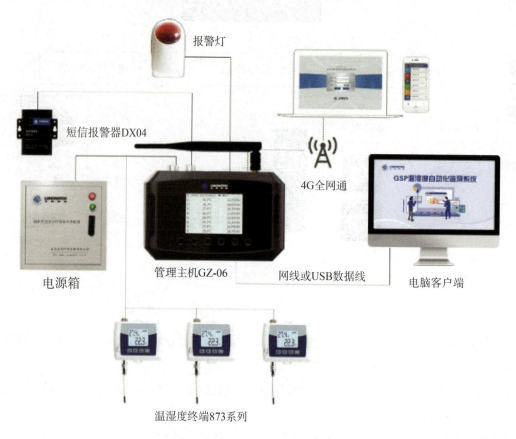

图8-5　温湿度监测系统

① 温湿度传感器。安装在养老院的各个房间和公共区域,用于实时监测环境条件。

② 中央控制单元。接收传感器的数据并分析,根据设定的阈值进行控制。

③ 加热和冷却系统。用于调节室内温度。如果温度过高,系统自动启动冷却设备,调节空调以降低温度。如果温度过低,系统自动启动暖气设备,提升室内温度。

④ 加湿器和除湿机。用于调节空气的湿度。如果湿度过高,系统自动启动除湿机,减少空气中的湿气。如果湿度过低,系统自动启动加湿器,增加空气湿度。

⑤ 报警系统:当系统无法维持环境条件在设定范围内,或设备出现故障时,报警系统会触发警报通知工作人员进行检查和处理。

在传统养老院中,环境温湿度调节完全依赖人工操作。夏天,老年人常常因为空调的调节不及时而感到炎热,冬天则由于暖气不足而感到寒冷。湿度过高时,空气中弥漫着潮湿的气息,易导致老年人的呼吸道不适。照护人员需要频繁检查各个房间的环境条件,并手动调整空调和暖气设备。由于工作繁忙,他们难以时刻关注每个房间的温湿度,导致了老年人的生活舒适度和健康受到影响。

养老院配备了环境温湿度自动控制系统后,每个房间都装有温湿度传感器,这些传感器将实时数据传输到中央控制单元。系统根据设定的范围自动调节空调、暖气、加湿器和除湿机,确保室内温湿度始终保持在最舒适的水平。无论是夏天还是冬天,老年人都能享受到适宜的环境,减少了因环境问题引起的健康问题。

8.3 知识要点

8.3.1 "传感器技术+养老"的系统架构

"传感器技术+养老"的系统架构融合了物联网、云计算、大数据和人工智能等多种技术。主要分为四层：感知层、网络层、平台层和应用层，见表8-2。

表8-2 "传感器技术+养老"的系统架构

四层模型	功能	内容
应用层	基于不同业务领域，提供智能服务	以支撑业务为中心的云端 支持交互业务的用户终端
平台层	对设备进行通讯运营管理	设备激活/认证，设备计费 通讯质量管理及其他
网络层	传递数据	无线广域网：2G/3G/4G/5G（移动通讯网络及其LTE长期演进技术） NB无线局域网：Wi-Fi\蓝牙\ZigBee
感知层	采集数据	传感器、摄像头、GPS、射频识别等

1. 感知层

主要由各种传感器组成，如温度传感器、湿度传感器、人体运动传感器、心率传感器等。这些传感器分布在老年人的生活环境中，实时采集老年人的生理参数、环境参数等信息，并将这些信息转换为电信号或数字信号进行传输。

以智慧养老院为例，有些智能设备终端属于感知层，如在室内安装的煤气泄漏传感器、火灾探测器、环境监测传感器、智能摄像头、智能门锁、报警与通知系统和应急响应系统等。

2. 网络层

网络层包括各种无线通信技术和协议，如Wi-Fi、蓝牙、ZigBee、LoRa等。这些技术和协议的选择取决于系统的具体需求，如数据传输的实时性、功耗、覆盖范围等。

3. 平台层

平台层通常是一个云端平台，它接收来自网络层的数据，进行清洗、整合和分析，以提取有价值的信息。平台层还可能包括各种应用服务，如健康监测、异常报警、数据分析报告等，这些服务可以根据老年人的需求和健康状况进行定制。

4. 应用层

应用层包括各种智能终端设备，如智能手机、平板电脑、智能手表等。这些终端设备通过应用程序与平台层进行交互，展示老年人的健康数据、报警信息、生活建议等。同时，应用层还可以提供远程医疗咨询、紧急救援等增值服务，以满足老年人的多样化需求。

8.3.2 "传感器技术+养老"的发展现状

传感器技术通过实时、准确地监测老年人的生理参数和环境状态，为老年人提供更加安全、舒适的养老服务，成为智能养老的重要组成部分。

1. 技术应用与创新

在养老领域,传感器技术被广泛应用于健康管理、康复护理、医疗保障、家政服务、社区物业等多个方面。智能手环、智能手表等可穿戴设备能够实时监测老年人的心率、血压、体温、血氧等生理参数,已经被广泛应用。床垫传感器用于监测老年人的睡眠质量、呼吸和心率等数据,帮助分析和改善睡眠问题。

传感器种类丰富,涵盖了力、热、声、光、磁、气体、RFID(射频识别)、生物等多种类型,且可应用于可穿戴设备与便携监控检测设备中。这些传感器在健康管理、监控监测监护用相关设备、自助式健康检验检测设备、便携式健康检测保障设备、家庭机器人、家庭环境监控检测等领域发挥着重要作用,如便携式心电图机、血糖仪等设备,使得老年人在家中也能进行常规的健康监测。

2. 安全防护与智能家居

多种跌倒监测传感器(如加速度传感器、陀螺仪)被嵌入老年人的日常穿戴设备中,能在发生跌倒时迅速报警并通知家属或医护人员。老年人尤其是患有认知障碍(如阿尔茨海默病)的老年人,可以通过佩戴地理定位追踪设备防止走失,便于家属实时掌握其位置。

环境传感器用于监测家庭环境中的温度、湿度、空气质量等,确保老年人生活在舒适和安全的环境中。许多家电设备集成了传感器技术,可以根据老年人的需求进行自动化操作,如智能灯光、智能恒温器等。结合语音识别技术,老年人可以通过简单的语音命令控制家中的设备,减少对复杂操作的依赖。

3. 市场需求与增长

传感器技术作为智慧养老的重要支撑,其市场需求也呈现出快速增长的趋势。当前,我国智慧养老仍以上海"9073"模式为主导,即90%的老年人居家养老,7%的老年人依托社区养老,3%的老年人入住养老机构。这一模式带动了包括传感器在内的各类智能养老产品的快速发展。

8.3.3 "传感器技术+养老"的优势与问题

1. 传感器技术在养老领域应用的优势

① 实时监测与预警:传感器技术能够实时监测老年人的生活状态和各种生理参数,及时发现异常情况并采取措施。当老年人遇到危险或健康问题时,传感器能迅速识别并发出预警,如跌倒监测传感器可以在老年人摔倒时立即通知家属或救援机构,从而降低事故风险。

② 提高生活质量:通过智能传感器,老年人可以更方便地管理自己的健康状况,如心率监测、血压监测等,及时发现并处理潜在的健康问题。同时,传感器还可以根据老年人的生活习惯和喜好提供个性化的服务推荐,提升生活质量,传感器采集的数据可以用于个性化健康分析和管理,根据老年人的具体情况制订个性化的健康方案,提高健康管理效果。

③ 降低人力成本:传感器技术的应用可以减少对照护人员的依赖,降低人力成本。通过自动化的监测和预警系统,医疗人员可以远程监控老年人的健康状况,提供远程医疗咨询和护理服务,减少老年人就医的麻烦和成本,减轻护理人员的负担。

④ 保护隐私:相比传统的监控系统,一些先进的传感器技术如毫米波雷达传感器采用非接触式监测方式,可以在尊重老年人隐私的同时,确保高效的安全检测。这有助于减少老年人对被监控的心理抵触,维护家庭成员之间的信任。

⑤ 灵活性与易用性:现代传感器技术通常支持多种安装方式,既适应现代家庭的装修需求,也为老年人使用带来了便利。这些设备的灵活性和易用性降低了新技术的使用难度,提高了老年人对新技术的接受度。

2. 传感器技术在养老领域应用中面临的问题

尽管传感器技术展现了显著的优势,但其在养老领域的应用仍面临一些问题和挑战。

① 成本高昂:目前,传感器技术在养老领域的应用成本仍然较高,尤其是高端传感器价格不菲。对于

一些低端养老机构或经济条件较差的老年人和家庭来说,可能难以承受,这限制了传感器技术在养老领域的普及和大规模应用。

② 安全和个人隐私风险:传感器技术的应用涉及大量个人数据的收集和处理,存在信息安全和个人隐私泄露的风险。如果数据传输和存储过程中出现问题,可能会导致敏感信息的泄露,给老年人带来不必要的麻烦和损失。

③ 技术依赖和标准化问题:过度依赖传感器技术可能导致老年人缺乏自主性,减少与家人和照护人员的直接互动,影响心理健康。传感器设备和系统的标准化和操作性问题仍然存在,不同设备和平台之间可能无法很好地兼容和协同工作。

④ 技术普及和接受度问题:传感器设备和系统的操作和维护需要一定的技术知识,老年人对新技术的接受度普遍较低。一些老年人可能因为对新技术不了解或抵触心理而拒绝使用传感器设备,这限制了传感器技术在养老领域的推广和应用。

8.4 知识拓展

8.4.1 传感器的定义

传感器(Sensor)是指能感受或响应规定的被测量,并按照一定的规律转换成可用输出信号的器件或装置。传感器是获取自然和生产领域中信息的主要途径与手段,与通信技术和计算机技术共同构成信息技术的三大支柱。无线传感器实验箱,见图 8-6。

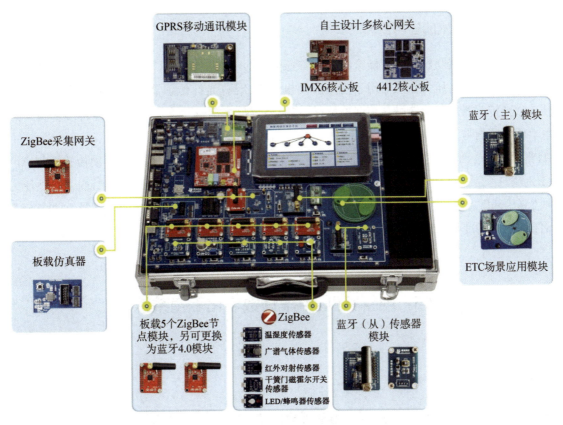

图 8-6 无线传感器实验箱

8.4.2 传感器的技术架构

传感器的技术架构关注的是传感器的实现细节和技术方案，以敏感元件、转换元件、信号处理电路等技术组件为核心。具体来说，传感器的技术架构包括以下几个方面。

1. 敏感元件选择

根据待测物理量的类型和测量要求，选择合适的敏感元件。例如，对于温度测量，可以选择热敏电阻、热电偶等敏感元件。

2. 转换元件设计

设计转换元件，将敏感元件输出的信号转换为易于处理、传输和显示的信号形式。这可能包括信号的放大、滤波、模数转换等处理步骤。

3. 信号处理电路设计

设计信号处理电路，对转换元件输出的信号进一步处理和放大，以确保信号的准确性和稳定性，可能包括使用运算放大器、滤波器、模数转换器等电路元件。

4. 接口与通信设计

设计传感器与外部设备之间的接口和通信协议，以便传输测量数据，可能包括模拟信号输出、数字信号输出、串行通信接口等。

5. 电源与能耗管理

设计电源电路和能耗管理策略，以确保传感器在长时间运行中的稳定性和可靠性。这可能包括使用低功耗元件、优化信号处理算法等手段。

6. 封装与保护设计

设计传感器的封装和保护措施，以确保传感器在恶劣环境下仍能正常工作，并保护敏感元件免受物理损伤。

8.4.3 传感器技术的应用情况

传感器技术除了在智慧养老、智能家居领域有着重要的应用，在智能制造、环境保护等众多领域同样有着广泛的应用。例如，压力传感器用于汽车发动机压力监测；光纤传感器利用抗电磁干扰特性实现远距离监控；激光传感器用于无接触高精度测量；位移传感器跟踪机械臂位置变化；气体传感器检测空气质量，应用于环保监测与工业排放控制，等等。

在日常学习与生活中，也少不了传感器的身影：在感应式灯光剧场中，通过融合运动传感器与AI算法，打造可识别用户手势的互动灯光秀，如挥手切换场景、拍手触发特效；在运动感知袜中，嵌入柔性压力传感器，实时监测足部压力分布，为跑步爱好者提供步态矫正建议；在吉他弦中内置应变传感器，通过振动反馈指导初学者纠正按压力度与节奏；仿生电子鼻传感器可识别并记录香水中成分，支持气味数字化存储与还原……

8.5 创新案例：中华蜂数字化养殖系统

8.5.1 中华蜂数字化养殖系统概述

对于老年群体而言，养蜂活动是一种有益的兴趣爱好，但养蜂需要精确的环境控制和管理来确保蜂群的健康和生产能力。与传统养蜂依赖经验不同,某机构研制的中华蜂数字化养殖系统通过先进的传感器技术,提供全面的蜂箱环境监测和数据分析,为老年养蜂爱好者带来便捷和安全的养蜂体验。这一系统通过智能化设计,使得老年用户能够轻松地进行远程监测和管理,实时了解蜂箱内的温度、湿度以及蜂群活动状态。系统还具备自动化预警功能,帮助老年用户及时发现潜在问题,降低操作难度。系统组成见图8-7,产品展示、适用场景见图8-8、图8-9。

图8-7 中华蜂数字化养殖系统

图8-8 产品展示

图8-9 适用场景

8.5.2 中华蜂数字化养殖系统功能

在现代农业科技的推动下,科技蜂房正在变革传统养蜂方式。传感器技术作为这一变革的核心,正在为蜂房的管理和运营提供全新的解决方案。

1. 环境监测与优化

① 温度与湿度调节:传感器实时监测蜂房内的温度和湿度,确保它们保持在最佳范围内。

② 空气质量监测:监测二氧化碳水平和其他有害气体,提供清新的空气环境,防止蜂群受到污染物的影响。

2. 蜂群健康管理

① 行为分析:通过传感器跟踪蜂群的活动模式,如飞行频率和蜜蜂的集群行为,及早发现健康问题或疾病的迹象。

② 生理状态监测:检测蜜蜂的体温和运动状态,判断蜂群的整体健康状况,见图 8-10。

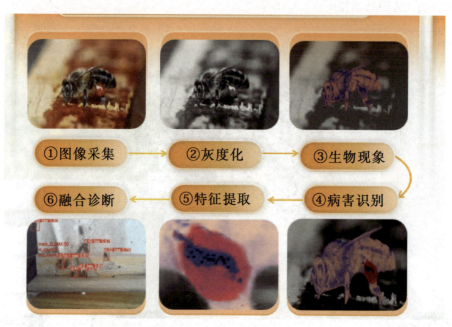

图 8-10 蜂群病害识别

3. 蜂蜜生产优化

① 蜜蜂采集跟踪:传感器可以监测蜜蜂采蜜的活动情况和蜂蜜储量,优化蜂蜜采集的时机和方法,提高生产效率。

② 蜂蜜质量控制:分析蜂蜜的质量指标,如含水量和糖分,确保产品的优质和一致性。

4. 安全与防护

① 入侵检测:利用传感器检测蜂房周围的异常活动,提供警报以防止外部入侵或动物袭击。

② 结构监控:实时监测蜂房结构稳定性和安全性,确保蜂房在各种环境条件下的安全运营。

5. 数据分析与决策支持

① 数据收集与分析:整合传感器数据进行深度分析,提供有关蜂群健康、生产情况和环境条件的洞察,支持科学决策和管理。

② 自动化调整:基于传感器数据自动调整蜂房的环境设置和操作策略,提高养蜂的精确度和效率。

课后习题

一、单选题

1. 以下哪种方法展示传感器有效地改善了老年人的生活状况?(　　)

　　A. 通过心率传感器监测老年人日常心率,并在异常时发送警报给医疗机构

　　B. 使用光照传感器调节家中照明,但仅根据预设时间表而非实际光线需求

　　C. 利用声音传感器播放老年人喜欢的音乐,以丰富其精神生活

　　D. 通过温度传感器控制室内空调,但忽略老年人的实际体感温度反馈

2. 以下哪个传感器可以更好地监测老年人生活环境状况?(　　)

A. 心率传感器 B. 温度与湿度传感器
C. 加速度传感器 D. 气体浓度传感器

3. 气体泄漏检测系统中,当气体传感器检测到气体浓度超过安全阈值时,会采取哪些措施?(　　)

A. 只发出声音警报 B. 触发声光警报并自动关闭气体阀门
C. 自动打开窗户通风 D. 通知消防部门

4. 环境温湿度监测系统中,当室内湿度过低时,系统会启动什么设备来调整湿度?(　　)

A. 除湿机 B. 加湿器 C. 空调 D. 暖气

5. "传感器技术+养老"系统架构中的感知层主要由什么组成?(　　)

A. 云端平台和应用程序 B. 无线通信技术和协议
C. 传感器、摄像头、GPS等 D. 数据分析和人工智能算法

6. 传感器的定义是(　　)。

A. 一种只能感受温度的装置

B. 能感受或响应被测量并按照一定规律转换成可用输出信号的器件或装置

C. 仅用于工业领域的设备

D. 一种只能发出声音信号的设备

7. 中华蜂数字化养殖系统中,传感器技术在蜂房中的应用包括(　　)。

A. 监测蜂群的飞行频率 B. 提供蜂房的实时视频监控
C. 自动化调整蜂房的环境设置 D. 以上都是

二、思考题

1. 请调研你身边哪些产品应用了传感器技术。

2. 请分析创新案例的科技蜂房中,哪些地方使用了传感器技术。

3. 创新案例中的科技蜂房还能应用到哪些养老场合?

模块 9

生物特征识别技术+养老关键技术分析

9.1 案例导读

案例 　　　　　　　　面部识别：识别老年人的心情

张阿姨已经75岁，独自生活在城市的养老院内。她患有轻度的老年痴呆症，记忆力时常出现问题，尤其在日常的生活安排和健康管理方面，容易忽视或忘记重要的事情，如按时服药、饮食和运动。此外，由于行动不便，张阿姨偶尔会迷失方向，甚至跌倒。为了提供更为精准、便捷且个性化的照护服务，养老院决定结合生物特征识别技术和智慧养老系统，打造一个"智慧养老管家"系统，为张阿姨及其他老年人提供全方位的智能服务。

生物特征识别技术不仅仅用于身份验证，它还能够根据张阿姨的情感状态和健康数据进行个性化的提醒和关怀。当系统通过面部识别技术发现张阿姨面部表情出现焦虑或疲劳的迹象时，它会自动提醒她进行休息，并为她播放她最喜欢的音乐或温馨的回忆视频。此外，系统还会分析她的健康数据，如心率、血压等，结合她的生物特征，生成个性化的健康管理建议。例如，系统会根据她的健康状态为她定制每天的运动计划，提醒她进行适合她身体状况的轻度运动，如虚拟瑜伽或舒缓散步。

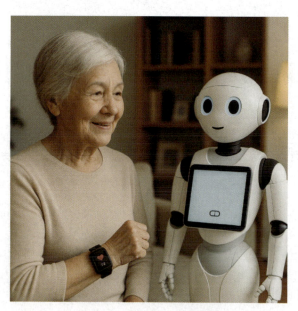

图9-1　面部识别技术的应用

张阿姨的家人通过智能手机应用可以随时查看她的健康数据和生活状况。每当张阿姨需要与家人互动时，系统会自动通过语音识别和面部识别提供最佳的社交体验。例如，当家人拨打视频电话时，系统会自动识别张阿姨并为她调整最佳视角，同时根据她的情感需求，提供互动式的语音对话或视频提示，确保沟通顺畅且富有温情。

生物特征识别技术，除了可以识别老年人的喜怒哀乐，还有许多其他方面的应用。例如，在门禁等系统中，与传统技术相比，生物特征识别技术（见图9-2）有明显的优势，见表9-1。

图 9-2 面部识别闸机

表 9-1 生物特征识别技术与传统技术对比分析

特性	生物特征识别技术	传统技术
识别方式	指纹、面部、虹膜识别等	密码、门禁卡、钥匙等
安全性	高,难以伪造和盗用	相对较低,易被盗用或遗失
使用便捷性	一触即发,快速识别	需记忆密码或携带卡片
成本	设备成本高,维护需专业人员	初始成本低,长期维护费用高

随着社区应急体系、养老体系与智能+健康、安防、护理科技的快速融合,生物特征识别技术正在成为养老社区的运营保障。基于生物特征识别技术的老年人安全管理,见图 9-3。

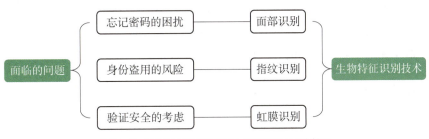

图 9-3 基于生物特征识别技术的老年人安全管理

9.2 应用场景

利用面部、虹膜、掌纹等生物特征识别技术进行个人身份的识别,在某些安全领域、防失忆领域、身份验证领域均具有广泛的应用价值。

9.2.1 安全管理场景

当今的门禁和安全管理越来越依赖先进的生物特征识别技术,如指纹识别和面部识别。这些技术不仅提升了安全性,还使得进出管理更加便捷和高效。

养老机构、老年人社区和医疗机构的门禁安全,特别需要考虑到用户群体的特殊需求和便利性。指纹识别技术作为一种主流的生物特征识别方法,已经被广泛用于门禁控制系统中。老年人可以通过简单的指纹验证,轻松地进入他们居住的区域或医疗服务区域,无需携带额外的卡片或记忆复杂的密码。

同时,面部识别技术也在这些场所展示了其独特的优势。通过安装高效的面部识别系统,老年人可以快速、准确地被识别,进入特定区域或获取需要的医疗服务,见图9-4。为了防止使用照片、视频等非真实人脸信息进行欺骗,人脸识别门禁系统还配备了防用照片刷脸功能,可以检测并拒绝使用非真实的人脸试图进入的行为。

图9-4 面部识别门禁

另外,通过实时监控和记录,管理者可以有效管理人员进出的情况,保障区域内的安全。此外,生物特征识别技术也减少了传统门禁系统可能存在的安全漏洞,如密码泄露或卡片丢失的风险。

对养老机构而言,基于生物特征识别技术的门禁系统,通过有效控制进出流动,确保只有授权人员进入特定区域,减少非法入侵和风险。老年人及其家属可以享受便捷的进出体验,无需频繁使用钥匙或密码,提升居住的便利性和舒适度。系统记录老年人的出入时间,管理人员可以随时查看其活动状态,确保其安全和健康,并及时发现异常情况。同时,门禁系统可与其他智能设备整合,为老年人提供贴心的个性化服务,并在保护隐私和信息安全的同时,更好地优化养老环境。

9.2.2 个性护理场景

某养老院里的老年人往往有多种健康问题,且记忆力减退,时常忘记自己的药物信息或个人身份。于是院里决定引入虹膜识别技术(见图9-5),改变养老院的管理方式。

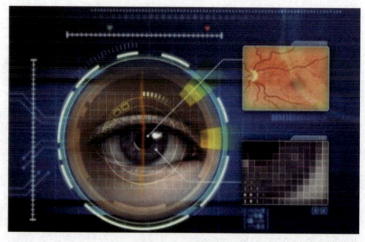

图9-5 虹膜识别

养老院为每位入住老年人进行了虹膜扫描,建立了安全数据库。老年人通过虹膜识别设备即可完成身份验证,无需携带身份证件,从而减少了证件丢失或被盗的风险。一位患有轻度阿尔茨海默病的老年人,通过虹膜识别系统,即使忘记自己在哪里,也能在养老院内任何区域被安全识别。系统不仅防止他误入限制区域,还能帮助照护人员实时定位他的行踪,确保他的安全。养老院进一步将虹膜识别技术与健康监测系统整合。当老年人需要服药或接受检查时,系统自动识别他的身份,并调取健康记录。护士可轻松跟踪他的用药情况,确保按时服药,并根据健康数据调整护理计划。

虹膜识别还帮助养老院提升了老年人的互动体验。老人们在参与活动时,只需扫描虹膜即可登记签到,活动结束后系统会自动记录参与情况。这不仅提高了参与感,还让照护人员能够更好地了解老年人的兴趣和需求,从而提供个性化的活动安排。

虹膜识别技术通过扫描和识别眼中独特的纹理图案,能够确保只有授权人员才能进入特定区域,如医院病房或养老院内部。在健康监测方面,这项技术可以结合智能传感器和数据分析,实时监测和记录老年人的生理指标,如心率、血压,甚至睡眠质量。这些数据不仅有助于实时跟踪老年人健康状况变化,还能为医护人员提供及时的干预和治疗建议。在个性化护理方面,基于生物特征识别的数据分析可以为老年人提供量身定制的健康管理方案。

9.2.3 安全用药场景

掌纹作为独特的生物特征,具有高稳定性和唯一性,不受年龄、疾病或其他身体变化的影响。掌纹识别技术(见图9-6)在医疗管理中的应用,特别是在用药安全方面,展现了显著优势。通过精准分析掌纹的独特模式,医疗机构能够实现高效的身份验证和授权管理,防止用药错误或药物滥用的发生。这不仅提升了用药安全性,也简化了医护人员的管理流程,进一步提高了医疗服务的效率和质量。掌纹识别与用药安全的结合图解,见图9-7。

图9-6 掌纹识别技术

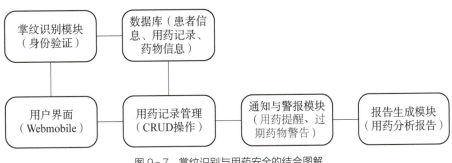

图9-7 掌纹识别与用药安全的结合图解

例如，一家药店实施了掌纹识别技术，以管理处方药的发放。患者在领取药物时，需进行掌纹识别。系统会自动与患者的健康记录进行匹配，确保所领取的药物与其用药历史相符。这一措施大大降低了患者误用药物的风险，提升了用药安全。

在慢性病管理中，掌纹识别技术的应用尤为突出。它可以准确记录和监控患者的用药情况，帮助及时调整治疗方案。此外，掌纹识别技术在长期护理中同样具有重要作用，为患者提供持续、个性化的医疗服务。

此外，通过将掌纹数据与电子病历和医疗信息系统集成，医院和诊所可以建立更为安全和高效的数据管理机制，有效防止个人健康信息的泄露和滥用问题。

9.3 知识要点

9.3.1 "生物特征识别技术+养老"的系统架构

养老服务系统通过集成生物特征识别技术，从数据采集到服务提供形成了一个完整的闭环。系统架构主要包括数据采集层、数据传输层、数据处理与分析层、应用层以及安全与隐私保护层，各层级紧密协作，为老年人提供更高效、安全的服务，见图9-8。

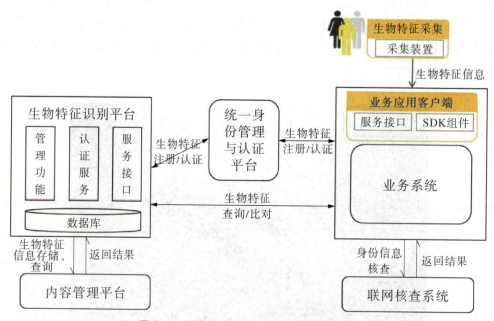

图9-8 "生物特征识别技术+养老"的系统架构

1. 数据采集层

负责从老年人那里收集生物特征数据。摄像头用于面部识别和表情分析，指纹扫描仪用于指纹识别，虹膜扫描仪用于虹膜识别，可穿戴设备如智能手环或智能手表用于采集心率、血压、步数等健康数据，麦克风采集语音则用于语音识别和情绪分析。这些多样化的设备共同组成了数据采集的基础层，为后续的服务提供了丰富的数据支撑。

2. 数据传输层

负责将采集到的数据高效、安全地传输到后台系统。短距离通信可通过Wi-Fi、蓝牙、NFC等技术实现,而蜂窝网络(如 4G、5G)则支持长距离数据传输,尤其在老年人外出时具有重要作用。此外,物联网平台在管理和传输设备生成的大量数据方面起到关键作用,确保信息流通的高效性和可靠性。

3. 数据处理与分析层

对收集到的数据进行处理和分析,以提供有价值的信息和服务。使用云存储或本地服务器来保存大量的生物特征数据,利用大数据分析技术和机器学习算法,对生物特征数据进行分析,提取出有用的信息。例如,分析面部表情数据以判断老年人的情绪状态。对于一些需要实时响应的情况,如紧急健康状况,通过边缘计算技术在本地进行数据处理,以便快速反应。

4. 应用层

面向用户的具体应用和服务,包括使用生物特征识别技术进行身份验证,确保只有授权人员可以访问特定区域或使用某些服务。通过对健康数据的实时监测,及时发现老年人的健康异常,并向照护人员发送警报。根据老年人的生物特征数据和偏好,提供个性化的饮食、娱乐、护理等服务。老年人可以通过面部识别或语音识别来控制家中的智能设备。

5. 安全与隐私保护层

在整个系统架构中是至关重要的,在数据传输和存储过程中,此层会使用加密技术保护数据的安全。拥有严格的权限管理,确保只有经过授权的人员可以访问生物特征数据。遵循相关法律法规,采取措施保护老年人的隐私,如匿名化处理和隐私政策透明化。

9.3.2 "生物特征识别技术+养老"的发展现状

目前,市场上应用最广泛的生物特征识别技术是指纹识别和人脸识别,这两项技术不仅具备较高的使用便利性,还因设备成本较低而得到广泛应用。随着技术不断成熟,虹膜识别、脉搏识别和声纹识别等技术也展现出强大的成长潜力。各种生物特征识别方法的对比见表 9-2。

表 9-2 生物特征识别方法对比

识别方法	精度	安全系数	稳定性	便利程度	应用场景
3D 人脸识别	高	高	稳定	高	刷脸支付、门锁门禁、交通闸机、身份核验等
2D 人脸识别	一般	一般	一般	高	门禁、安防等
虹膜	极高	高	终生不变	低	应用场景较少
指纹	高	易仿造	易磨损	一般,接触式识别,部分人群无法识别	手机、考勤、金融等
掌纹	高	较高	易磨损	一般,接触式识别	应用场景较少

生物特征识别技术(如指纹识别、人脸识别、虹膜识别等)在养老院和护理设施中被广泛应用,用于确保只有授权人员才能进入特定区域,保护老年人的安全。利用生物特征识别技术进行门禁管理,可以确保老年人居住环境的安全,防止未经授权的人员进入,减少安全隐患。这种技术同时也能够防止老年人无意中离开安全区域,减少走失的风险。

生物特征识别技术可用于实时监测老年人的健康状况。例如,通过面部识别技术结合表情分析,可以监测老年人的情绪变化,帮助护理人员及时发现老年人的心理问题。指纹或手环等生物识别设备可以记录老年人的心率、血压等健康数据,帮助医疗人员进行更精准的健康管理。在老年人突发疾病或遇到意外情况时,生物特征识别技术可以迅速识别老年人的身份,并向医护人员发送求助信号,从而提高救援效率。

通过生物特征识别技术,养老机构可以提供更个性化的服务。例如,面部识别技术可以识别老年人的身份和偏好,从而提供更符合他们需求的饮食、娱乐和护理服务。语音识别技术也可以用于老年人的智能助手,帮助他们进行日常事务管理,如提醒吃药、预约医生等。生物特征识别技术还用于老年人的购物支付和财务管理。通过指纹或面部识别,老年人可以更方便地进行购物支付,减少携带现金的不便和风险。

生物特征识别技术在智能家居领域的应用也越来越多。老年人可以通过面部识别或语音识别来控制家中的智能设备,如灯光、温度、电视等,提升他们的生活质量和舒适度。智能手环和其他可穿戴设备可以通过生物特征识别来监测老年人的活动和健康状况,帮助他们保持活跃和健康。

9.3.3 "生物特征识别技术+养老"的优势与问题

1. 生物特征识别技术在养老领域的应用优势

(1) 高安全性

生物特征识别技术采用个体的生物特征进行身份认证,如指纹、虹膜、面部、声纹等,这些特征具有唯一性和不可复制性,因此相较于传统的密码、身份证等认证方式,生物特征识别技术具有更高的安全性。在养老领域,高安全性意味着可以更好地保护老年人的隐私和财产安全,防止身份盗用和欺诈行为的发生。

(2) 方便易用

生物特征识别技术通过扫描器或传感器快速自动识别个体身份,无需携带额外的物品,使用起来非常方便,减少了身份认证操作的复杂性给老年人带来的不便,同时降低了病菌传播的风险。对于老年人来说,记忆密码、携带证件等可能成为一种负担,而生物特征识别技术则避免了这些问题,使得身份认证过程更加顺畅和便捷。生物特征识别技术可用于门禁系统、医疗记录访问、金融交易等,提供便捷且高效的服务。

(3) 个性化服务

生物特征识别技术可以根据每个人的生物特征提供个性化服务。在养老领域,这意味着可以根据老年人的生物特征信息制订个性化的健康管理计划、提供定制化的医疗服务等。例如,通过面部识别技术监测老年人的面部表情变化,可以及时发现其情绪波动或身体不适,从而提供及时的关怀和帮助。

(4) 提高服务效率

生物特征识别技术可以自动识别个体身份,减少人工操作和等待时间,提高服务效率。在养老领域,这意味着可以更快速地完成身份认证、健康监测等流程,为老年人提供更加高效的服务体验。同时,自动化的身份认证过程也有助于减少人为错误和欺诈行为的发生。

(5) 增强紧急救援能力

生物特征识别技术还可以用于老年人的紧急救援。通过预先录入老年人的生物特征信息,一旦老年人遇到突发情况需要救援时,救援人员可以快速识别其身份并获取相关信息,从而更加迅速和准确地提供救援服务。结合生物特征监测数据,当老年人出现异常情况时,系统可以自动报警,通知家属和医疗机构。

(6) 促进健康管理

生物特征识别技术在健康管理方面也具有显著优势。生物特征识别技术能够收集精准的健康和行为数据,帮助家庭和医疗机构全面了解老年人的健康状况。通过实时监测老年人的生物特征信息,如心率、血压、血糖等生理指标,可以及时发现潜在的健康问题并采取相应的措施进行干预和治疗。这有助于预防疾病的发生和发展,提高老年人的生活质量和健康水平。

2. 生物特征识别技术在养老领域应用中的问题

（1）隐私问题

生物特征识别技术涉及采集和存储老年人的生物特征信息，如指纹、虹膜、面部特征等。这些信息一旦泄露或被滥用，将对老年人的隐私造成极大威胁。老年人作为相对脆弱的群体，其隐私保护尤为重要。与密码不同，生物特征信息一旦泄露，用户无法像更改密码那样简单地更换其生物特征。因此，一旦生物特征数据被盗，其影响可能是长期且深远的。

（2）准确性问题

生物特征识别技术的准确性受到多种因素的影响，如老年人的生物特征可能随年龄增长而发生变化，光照条件、设备质量等也可能影响识别效果。在特定情况下，生物特征识别技术可能出现误识别或漏识别的情况。

（3）成本问题

生物特征识别技术的实施需要相应的设备和技术支持，如人脸识别仪、指纹识别仪等。这些设备的购置和安装成本较高。另外，生物特征识别设备需要定期维护和升级，这也会带来额外的费用负担。

（4）技术成熟度与标准化问题

目前应用的生物特征识别技术种类繁多，但各技术的成熟度和稳定性存在差异。在养老领域应用时，需要选择成熟度高、稳定性好的技术。另外，生物特征识别技术在养老领域的应用尚未形成统一的标准和规范，这可能导致不同设备之间的兼容性问题以及数据共享和交换的困难。

9.4 知识拓展

9.4.1 生物特征识别技术的定义

生物特征识别技术（Biometric Identification Technology）是利用人体固有的生理特征和行为特征进行身份认证的技术（见图9-9）。通过结合计算机与光学、声学、生物传感器以及生物统计学等技术手段，

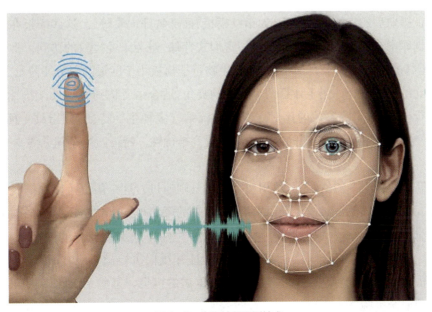

图9-9 生物特征识别技术

这项技术能够实现对个体身份的高效鉴定。

应用生物特征识别技术，必须有生物识别系统。生物识别系统是对生物特征进行取样，获得其唯一的特征并且转化成数字代码，并进一步将这些代码组合而成的特征模板。人们同识别系统交互进行身份认证时，识别系统获取其特征并与数据库中的特征模板进行比对，以确定是否匹配，从而决定接受或拒绝该人。

生物特征识别技术涉及计算机视觉、图像处理、模式识别、语音处理、多传感器技术等多个领域，广泛应用于智能机器人感知、虚拟现实和计算机辅助设计等场景。常见的生物特征包括手形、指纹、脸形、虹膜、视网膜、脉搏和耳廓等；行为特征则包括签字、声音、按键力度等。此外，脑电波、肌电信号等新兴识别技术也在逐步成熟并应用于实际领域。

例如，由清华大学团队研发的 TH-ID 系统，是一种多模式生物特征身份认证系统。该系统可在复杂背景下对图像和视频中的人脸进行自动检测、识别和认证，在笔迹、签字、虹膜等识别技术上取得了重要进展，整体技术水平国际领先。

9.4.2 生物特征识别的技术架构

1. 感知层（数据采集层）

感知层通过各种传感器采集生物特征数据，如指纹、面部、虹膜、语音和掌纹等。指纹采集使用电容式或光学式传感器生成数字图像；面部采集依靠 RGB 或红外摄像头，有时结合深度传感器获取 3D 特征；虹膜识别则利用红外光扫描独特的虹膜纹理；语音数据通过麦克风采集，并结合背景噪声消除技术提取语音特征；掌纹和静脉采集采用光学或红外技术，实现非接触式、高精度的采集。采集到的数据会经过噪声过滤、对比度调整和边缘增强等预处理，以提高质量，并定位有效特征区域（如指纹中心或面部特征点），统一转换为标准化格式。

2. 特征提取层

特征提取层从预处理数据中提取唯一性信息。例如，指纹通过细节点提取算法生成模板；面部识别通过几何法提取特征点（眼、鼻、嘴等）或使用卷积神经网络（CNN）生成高维特征向量；虹膜利用 Gabor 滤波器处理纹理模式；语音特征通过 MFCC 或 LPCC 频域算法提取。提取的生物特征数据最终被规范化为标准化向量，以便后续比对。

3. 特征匹配层

存储经过特征提取后的生物特征模板（如指纹模板、面部特征向量等）。这些模板在用户初次注册时生成并存储在数据库中。生物特征模板通常以加密形式存储，避免未经授权的访问。常用的加密技术包括 AES（高级加密标准）和 RSA（公钥加密算法）。生物特征模板用于度量两个特征向量之间的相似度，适用于面部识别等高维特征匹配。用于计算两个向量的夹角，适合语音识别等场景；用于指纹识别，将两个指纹的关键点进行位置、方向等参数的比对。有些系统结合多种生物特征（如指纹＋面部）进行综合匹配，使用加权或神经网络融合不同特征的匹配结果以提高准确性。特征匹配过程见图 9-10。

4. 决策层

为生物特征匹配设定一个阈值（如面部相似度≥90%则通过），这个阈值可以根据实际应用场景的安全需求进行调整。过低的阈值可能增加误识别率，而过高的阈值可能导致拒识率增加。某些高安全需求的系统会根据场景（如环境、设备状况）动态调整匹配阈值。例如，在光线较差的环境中，面部识别的匹配阈值可能会降低。如果匹配值高于阈值，系统会通过验证并授权执行操作（如解锁设备、登录系统）。如果匹配值低于阈值，系统会拒绝请求，并可能提供用户重试的机会。某些系统在多次验证失败后可能触发报警或采取其他安全措施。

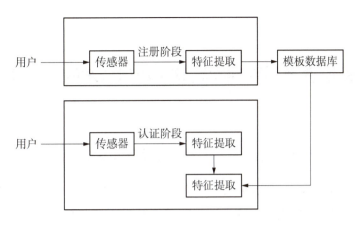

图 9-10 特征匹配过程

5. 反馈层

系统会显示或输出验证的结果,如"验证通过"或"验证失败",并触发相应的操作,开启门禁或解锁手机等。在一些复杂系统中,反馈可能不仅仅是成功或失败,还会根据匹配程度提供建议或不同的权限等级。系统可以通过弹窗、短信或推送等形式通知用户验证的结果,特别是在支付或登录等敏感操作中。为了安全和审计目的,系统通常会记录每次识别的详细信息,包括时间、设备、结果等。

6. 安全与隐私层

生物特征数据从采集设备到服务器传输的过程中,需要使用加密协议(如 TLS)保护数据安全。在数据库中存储的生物特征模板通常以哈希或加密形式存储,以防被盗取。通过使用模糊加密或局部加密的方式,使得攻击者即便获取了模板数据,也无法直接还原出原始生物特征。

7. 系统管理层

系统管理员可以为新用户注册生物特征,或者删除和更新已有用户的特征模板。根据不同用户的角色和权限,系统可以限制或开放某些生物特征的使用,如仅允许管理员访问指纹数据。系统可以通过分析日志数据监控识别过程的异常情况,如是否出现了大量失败的识别请求,是否存在可疑的识别行为。系统需要定期更新特征提取算法和安全策略,以提高识别的精度和系统的防御能力。

9.4.3 生物特征识别技术应用情况

近年来,生物特征识别技术成熟度逐渐提高,应用场景趋于复杂化、多样化,如金融、安防、医疗和智能家居等。在金融行业,指纹识别和面部识别常用于支付验证和银行卡身份认证;在安防领域,面部识别和虹膜识别被广泛应用于机场安检、门禁系统和反恐监控;医疗领域则通过虹膜识别、指纹和面部识别确保患者身份的准确验证,提升医疗安全性;智能家居中,生物特征识别技术用于设备控制和个性化服务,提供更高的便捷性和安全性。随着技术不断成熟,生物特征识别成为日常生活中不可或缺的一部分。具体见表 9-3。

表 9-3 生物特征识别技术应用情况

	指纹识别	面部识别	虹膜识别	声纹识别
应用场景	手机解锁、支付验证、指纹识别门锁、银行卡和指纹双重验证	安检和反恐领域、远程开户、交易验证、面部识别门禁系统	政府机关、军事设施、患者身份验证、大型医疗计划、自动取款机(ATM)和自助终端	银行的呼叫中心、区分不同家庭成员、快速访问账户

9.5 创新案例：基于增强现实和脑机接口技术的上肢康复训练系统

9.5.1 基于增强现实和脑机接口技术的上肢康复训练系统概述

脑卒中已成为我国主要的老年健康问题之一，脑卒中患者面临的上肢功能障碍，如手部僵硬、肿胀、神经损伤和肌肉粘连等，严重影响老年人的生活质量，并给医疗系统和社会带来沉重负担。

某机构研制的基于增强现实和脑机接口技术的上肢康复训练系统，帮助脑卒中患者解决上肢功能障碍问题。该系统通过脑机接口、姿态感知、气路控制、增强现实、人工智能、大数据、物联网等前沿技术让老年人实现上肢肘关节、腕关节、指关节三大关节的灵活康复运动以及三维的虚拟现实多维度交互式康复效果，适用于生活辅助、康复疗养、助老助残等各个领域。见图9-11、图9-12。

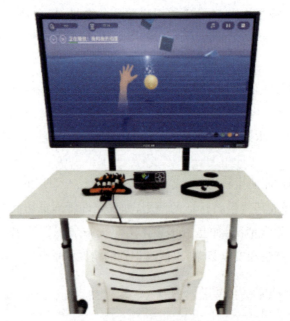

图9-11 基于增强现实和脑机接口技术的上肢康复训练系统

图9-12 产品展示

9.5.2 基于增强现实和脑机接口技术的上肢康复训练系统的创新

1. 自研气体微流量控制阀代替电磁阀

气体微流量控制阀具有微流量精细调节的特点，具有微米级位移稳定高效输出能力，适用于对流量

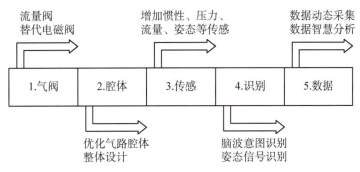

图 9-13 上肢康复训练系统五大创新

调节性能要求较高的场合,对微流量控制阀高精度稳定调节起到重要作用。

2. 使用视觉、姿态、惯性、压力、流量等传感器

通过三维引擎实现三维情景游戏开发,来实现视觉、听觉、触觉、神经四大维度的交互体验,同时开发敏捷、耐力、控制、反应力、肌力、协同六大训练维度。利用这些传感器完成各种复杂工作,多方面掌握老年人动态,便于老年人更好地体验不同维度的康复训练。

3. 识别技术与数据采集分析

运用脑电波意图识别＋肌电信号识别＋姿态信号识别,引入脑电波技术方案,让患者实现运动意图识别,进行神经康复训练的同时增强康复游戏的交互感与现实感。采用数据动态采集和数据智慧分析,通过脑电、视觉、姿态等信号采集装置,结合上肢康复动作,让训练数据全程有量可循。数据采集分析界面见图 9-14。

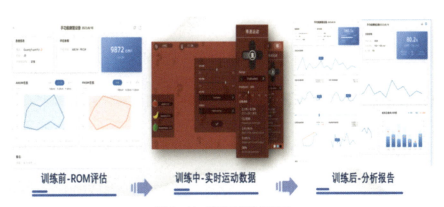

图 9-14 数据采集分析界面

课后习题

一、单选题

1. 在生物特征识别的技术架构中,以下哪一层用于采集图像?(　　)
   A. 特征提取层　　　　　　　　　B. 感知层
   C. 决策层　　　　　　　　　　　D. 反馈层

2. 在养老院中,生物特征识别技术的主要应用是什么?(　　)
   A. 访客登记　　　　　　　　　　B. 医疗记录管理
   C. 防止老年人走失　　　　　　　D. 以上都是

3. 以下哪种技术可以帮助老年人进行无接触身份验证?(　　)

A. 指纹识别 B. 声纹识别
C. 面部识别 D. 以上都是

4. 使用面部识别技术时,以下哪项是最重要的安全考虑?（　　）
A. 识别速度 B. 数据隐私保护
C. 设备成本 D. 用户界面友好性

二、思考题

1. "生物特征识别技术＋养老"的系统架构由哪几部分组成?

2. 请简述生物特征识别技术在养老院中的主要优势。

3. 你认为在养老领域实施生物特征识别技术可能面临哪些问题?

4. 请讨论生物特征识别技术如何改善老年人的日常生活质量。

模块 10

机器人技术+养老关键技术分析

10.1 案例导读

案例　　　　　　　　　　　　李爷爷与"小伴"

李爷爷已经88岁了，住在某城市的养老院。他的儿女工作繁忙，不能经常陪伴在他身边。随着年龄的增长，李爷爷的行动能力逐渐下降，独自生活时常感到孤独。他患有轻微的记忆力减退，偶尔忘记吃药和做一些日常护理。养老院的工作人员虽然尽心尽力，但由于人手有限，难以随时照顾到每一位老年人的需求。李爷爷希望能够获得更多的陪伴与帮助，同时保持独立性和尊严。为此，他的儿女特意为他购买了智能陪伴机器人"小伴"。

"小伴"机器人配备了自然语言处理技术，可以与李爷爷进行简单的对话。它能够根据李爷爷的兴趣爱好，推荐合适的活动和话题，避免他感到孤单。每天早上，"小伴"会准时提醒李爷爷起床、整理房间、吃早餐，帮助他保持规律的生活作息。在晚餐时，"小伴"还会陪伴他一起聊天，播放他喜欢的音乐或讲笑话，给李爷爷带来愉快的情感体验。

李爷爷的行动能力较弱，机器人"小伴"能够帮助他完成一些日常生活照料工作。例如，在李爷爷需要起床或移动时，机器人可以通过语音指令提供协助，帮助他稳妥地进行站立或走动。机器人还可以帮助李爷爷完成一些简单的家务任务，如清洁房间、整理床铺等，减轻他的负担，让他能更专注于享受生活。

图 10-1　机器人照顾老年人

案例中的机器人"小伴",陪着李爷爷一起生活,让李爷爷多了几分充实与快乐,少了几分空虚与悲闷。现在,越来越多的"小伴"走进了老年人的生活。在照顾老年人方面,应用机器人与社区救助、雇佣保姆相比,有着显著的优势,见表10-1。

表10-1 方案对比

方案 维度	社区救助	雇佣保姆	应用机器人
功能性	缺乏专业医疗设备和精准监测技术	专业能力不足,护理能力有限,存在交流障碍	提供精准的服务和智能化的情感陪护
性价比	成本低,但难以持续保障	成本较高,薪资受时间空间影响	成本高,但费用在使用期限内平均则较低
及时性	响应速度不稳定,服务时间有限	受时间和空间影响,缺乏灵活性应对突发的健康状况	有更便捷的服务,增强护理的效率与安全性

机器人技术应用在养老方面,可以提供针对性的安全监测、日常生活协助和社交互动等,从而帮助老年人更好地保持健康、安全。例如,基于机器人技术的老年人生活照护方案,见图10-2。

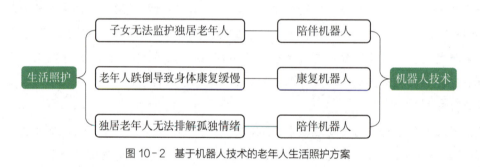

图10-2 基于机器人技术的老年人生活照护方案

10.2 应用场景

机器人在老年人生活照护、健康护理、心灵陪伴等很多方面均具有很大的市场潜力。机器人是一项集多种技术于一体的综合技术,在老年人生活的各个方面具备应用价值。

10.2.1 智能监护场景

跌倒是老年人意外伤害的主要原因,每年有大量老年人因跌倒导致严重后果。随着我国独居老年人数量逐渐增加,养老陪伴机器人在保障与监测老年人健康安全方面发挥着重要作用,见图10-3、图10-4。

养老陪伴机器人支持AI摔倒监控功能,配备了多种紧急求救方式,如主机上醒目的SOS一键求救键、独立的紧急呼叫器,还支持语音唤醒求救。检测时要确保这些求救功能触发灵敏、信号传输稳定,能够及时向老年人子女发送求救信息。

养老陪伴机器人具备健康监测功能,可以实时检测老年人的血压、血氧、心率、体温、呼吸、微循环等健康指标。检测其健康数据的准确性,以及数据传输的及时性和稳定性,确保子女能通过手机APP实时

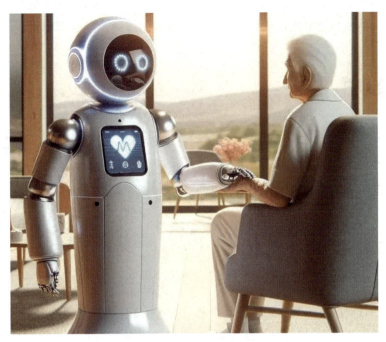

图 10-3　一款养老陪伴机器人

图 10-4　另一款养老陪伴机器人

获取老年人的健康状况。

养老陪伴机器人提供远程监护功能，子女可通过手机远程查看老年人的生活状态、日常动态等。

10.2.2　康复养护场景

康复机器人（见图 10-5）为老年人提供身体康复护理，辅助老年人完成肢体动作，帮助实现行走、康复治疗、减轻劳动强度等功能。其核心理念是通过机器人、病人和治疗师之间的全新协作关系，实现更有效且个性化的康复。康复机器人结合了康复医学、生物力学、机械学、电子学等多个领域的技术，已经广泛地应用到康复护理、假肢和康复治疗等养老康复方面，这不仅促进了康复医学的发展，也带动了相关领域的新技术和新理论的发展。康复机器人结合了控制系统、驱动系统等核心技术，并具备仿生设计和续航能力等加分项。其通过理疗、运动等疗法减轻、弥补和重建人的功能障碍，主要包括外骨骼机器人和康复训练机器人。外骨骼机器人为患者提供助力、保护、身体支撑等功能,同时又融合了控制、信息获取、移动计算等机器人技术,使机器人能在操作者的无意识控制下完成助力行走等功能。

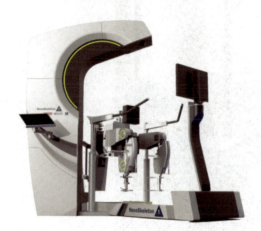

图 10-5　康复机器人

康复机器人迭代的过程中,涌现出诸多创新产品,这些产品基于创新理论或前沿技术的应用,结合临床刚需,使患者康复效率更高、效果更好。例如,某公司研制的两款机器人采用多传感器融合技术,结合智能控制系统,实现精准的步态控制与康复引导。其中一款专为偏瘫患者设计,通过个性化步态训练与主动康复引导帮助患者恢复肢体功能;而另一款则侧重于双踝关节的康复训练,提供全周期、主动、个性化的神经康复。

10.2.3　居家陪伴场景

陪伴机器人是一种模拟人类对话、具备情感交流能力的机器人(见图 10-6)。它能够随时响应用户的需求,提供持续的陪伴、交流,在此过程中不会对用户进行价值评判,营造轻松的氛围以及通过模仿人类的语言、表情和行为,增强与用户的互动体验。陪伴机器人能够 24 小时不间断地工作,不会因为疲劳、情绪等因素影响服务质量。陪伴机器人的功能流程,见图 10-7。

图 10-6　陪伴机器人

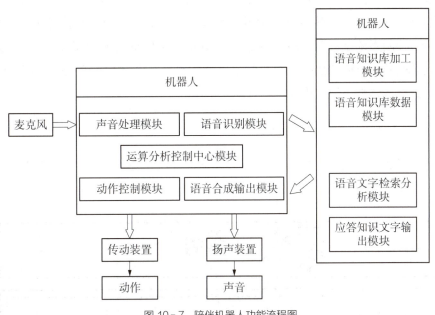

图 10-7 陪伴机器人功能流程图

陪伴机器人在养老领域的应用主要有以下几个方面。

① 日常护理：能够协助老年人完成日常生活起居，如穿衣、洗漱、进食等。一些先进的陪伴机器人还能够根据老年人的身体状况和饮食习惯，制定个性化的饮食计划，并帮助老年人准备可口的饭菜。

② 健康管理：能够监测老年人的生命体征，实时将数据发送给医生或家属。在老年人出现异常情况时，能够及时发出警报，使老年人得到及时救助。

③ 情感陪伴：具备语音识别和自然语言处理能力，能够与老年人进行对话交流，提供情感支持和慰藉。一些陪伴机器人还能够播放音乐、电影等娱乐内容，丰富老年人的精神生活。

陪伴机器人涉及多种技术：

① 机械臂技术，用于帮助老年人洗漱，帮助老年人穿衣。这需要高精度的电机、减速器和先进的运动控制算法，确保机械臂的末端执行器可以精确地定位在毫米级别的位置。

② 人机交互技术，包括语音交互和情感交互。机器人通过语音识别技术理解老年人的语音指令，然后通过语音合成技术回复老年人，实现双向的语音交互。情感交互旨在让机器人能够理解老年人的情感状态，并做出相应的情感回应。

10.3 知识要点

机器人技术是一个多学科交叉的领域，涵盖了机械、电子、控制、计算机、人工智能等多个学科的知识。它是一种能够半自主或全自主工作的智能机器，具有感知、决策、执行等能力，可以依靠自身的动力或外部的指令来实现各种任务。

按功能分类，它分为工业机器人、服务机器人、医疗机器人、军事机器人；按结构分类，它分为串联机器人和并联机器人。串联机器人的结构类似于人的手臂，由一系列的关节和杠杆组成；并联机器人的结构则类似于人的腿，由一系列的杆件和驱动器组成；按智能程度分类，它分为智能机器人和非智能机器人。

智能机器人能够自主感知、决策和执行任务,而非智能机器人则需要依靠外部的指令或程序来执行任务。机器人主要由机械结构、传感器、控制系统和电源等部分组成。机械结构是机器人的骨架,传感器用于感知周围环境,控制系统是机器人的大脑,负责处理信息和做出决策,电源则提供能量支持。机器人的工作原理通常包括感知、决策和执行三个步骤。通过传感器获取环境信息,经过控制系统中的算法处理做出决策,并通过执行器将决策转化为实际行动。

10.3.1 "机器人技术+养老"的系统架构

"机器人技术＋养老"的系统架构通常由机器人设备层、传感与监测层、数据处理与分析层、服务与应用层、用户交互层和安全与隐私层这六个主要模块组成,见图10-8。

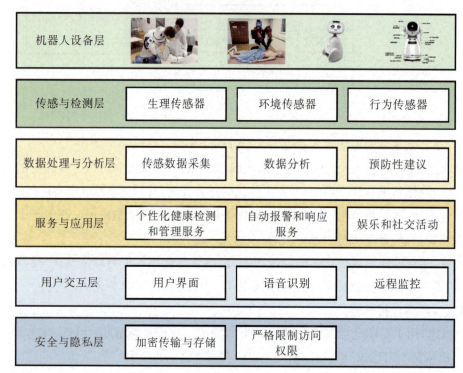

图10-8 "机器人技术+养老"的系统构架

1. 机器人设备层

设备层包括各种类型的机器人设备,用于执行不同的任务。助行机器人帮助老年人行走和移动;护理机器人协助日常生活护理任务,如洗浴、穿衣等;陪伴机器人提供情感支持和娱乐活动;健康监测机器人实时监测老年人的健康状况。

2. 传感与监测层

通过传感器和监测设备,采集老年人和环境的数据。生理传感器如心率监测器、血压计、血糖仪等;环境传感器如温度、湿度、空气质量传感器等;行为传感器如活动监测、跌倒检测等。

3. 数据处理与分析层

系统对传感与监测层采集的数据进行处理和分析。首先,数据通过数据库或云存储进行集中管理;然后,结合机器学习和人工智能算法,识别数据中的异常情况,如健康指标的异常波动。通过预测算法分析老年人健康趋势,系统可提供个性化的预防建议,帮助降低风险。

4. 服务与应用层

服务与应用层为老年人提供具体的养老服务应用。会提供个性化的健康监测和管理服务,包括定期体检、健康咨询、药物管理等。遇到紧急情况时自动报警和响应服务,如跌倒检测、健康异常报警等。提供日常生活辅助服务,如购物、烹饪、清洁等。提供娱乐和社交活动,如虚拟社区、在线娱乐、视频通话等。

5. 用户交互层

用户交互层使机器人与老年人及其家属进行交互,提供友好的用户体验。简便易用的用户界面,如触摸屏、语音控制等,通过语音识别和合成技术,实现自然语言交互。另外,家属和照护人员可以通过手机或电脑远程监控老年人的状态。

6. 安全与隐私层

安全与隐私层用于确保系统的安全性和老年人隐私保护。此层会对敏感数据进行加密传输和存储。同时,设定严格的访问权限,确保只有授权人员才能访问数据,并遵循隐私保护法规,确保老年人的个人信息不被滥用。

10.3.2 机器人技术在养老领域应用的特点和发展机遇

机器人,主要是智能养老机器人市场在过去几年快速增长,未来几年内市场规模将持续扩大。这种增长主要是因为人口老龄化问题的日益突出以及家庭结构的变化,使得越来越多的家庭需要借助机器人技术来辅助养老。

1. 机器人技术在养老领域应用的特点

"机器人技术+养老"相较于传统养老模式,具有以下三大特点:

(1) 健康监测精准

传统养老模式中,健康监测可能依赖于定期的人工检查或简单的家用设备,数据的准确性和及时性相对有限。而机器人可以通过搭载各种高精度的传感器,实时、准确地监测老年人的生理指标,如心率、血压、血糖等,并将数据及时传输给医护人员或家属,以便及时发现健康问题并采取措施。例如,一些智能养老机器人可以持续监测老年人的睡眠质量、呼吸频率等,为疾病的早期诊断提供依据。

(2) 康复训练辅助

对于需要进行康复训练的老年人,传统的康复方式可能需要依赖专业的康复师,训练时间和资源有限。康复机器人可以根据老年人的康复需求制定个性化的训练计划,并通过精确的动作控制和反馈,帮助老年人进行有效的康复训练。例如,下肢康复机器人可以辅助老年人进行腿部的屈伸、行走等训练,提高康复效果。

(3) 资源优化配置

通过机器人的智能化管理和服务,可以实现养老资源的优化配置,提高资源的利用效率。例如,机器人可以根据老年人的需求和健康状况,合理安排医疗资源、康复设备等,避免资源的浪费。

2. 机器技术在养老领域的发展机遇

中国老龄化程度的加快,为机器人养老产业带来了发展机遇期,主要体现在以下几个方面。

(1) 市场需求方面

传统的养老模式,如家庭养老、机构养老等,在面对庞大的老年人群体时,面临着护理人员短缺、服务质量难以保证等问题。机器人养老可以作为一种有效的补充方式,满足老年人在生活照料、健康护理、情感陪伴等方面的需求。例如,护理机器人可以帮助失能老人完成翻身、洗漱、进食等日常护理工作;陪伴机器人可以与老年人聊天、解闷,缓解老年人的孤独感。

(2) 技术发展方面

人工智能技术的不断发展,为机器人养老产业提供了强大的技术支持。机器人可以通过深度学习、自然语言处理等技术,实现与老年人的自然交互,理解老年人的需求和意图。例如,智能语音助手可以帮助老年人查询信息、控制家电等；人脸识别技术可以用于老年人的身份识别和安全监控。

(3) 政策支持方面

政府对养老产业的重视程度不断提高，出台了一系列政策支持机器人养老产业的发展。例如，工信部等十七部门2023年印发的《"机器人+"应用行动实施方案》，将养老服务列为机器人应用的重点领域，鼓励研制各类助老助残机器人产品，并推动其在养老服务场景的应用验证。

(4) 产业发展方面

机器人养老产业的发展，需要产业链上各个环节的协同配合，包括机器人研发、生产、销售、服务等。随着产业的不断发展，产业链上的企业之间的合作不断加强，形成了良好的产业协同效应。例如，机器人企业与养老机构、医疗机构等合作，共同开展机器人养老服务的研发和应用，提高了产业的整体发展水平。

10.3.3 "机器人技术+养老"的优势与挑战

1. "机器人技术+养老"的优势

(1) 提高生活质量

机器人能够帮助老年人完成日常任务，如取物、清洁、烹饪等，增强其独立性和自主性。并且，实时监测老年人的健康状况，提供及时的健康干预，预防疾病和意外发生。机器人可以24小时不间断工作，无需休息，提高了服务的效率和稳定性。通过大数据分析和机器学习算法，机器人能够不断优化服务流程，提升服务质量，从而提高老年人的生活质量。

(2) 实时监测与预警

配备各种传感器的机器人可以实时监测老年人的生理参数，如心率、血压、体温等，以及周围环境的变化，如摔倒、火灾等危险因素。一旦发现异常情况，能够及时发出警报并通知相关人员，以便采取紧急救援措施，保障老年人的生命安全。

(3) 提升安全性

机器人可以检测老年人跌倒或健康异常，并自动报警或呼叫急救服务，提高安全性。还可以通过传感器实时监控家居环境，预防火灾、煤气泄漏等事故。

(4) 情感支持

机器人可以陪老年人聊天、读书、玩游戏等，减轻老年人的孤独感，提供情感支持。机器人可以帮助老年人与家人和朋友保持联系，通过视频通话、消息传递等方式增强社交互动。

(5) 个性化服务

通过数据分析和机器学习，机器人可以提供个性化的健康管理和生活辅助服务，满足老年人的特定需求。机器人可以提供认知训练和康复训练，帮助老年人保持和提升认知功能。

2. "机器人技术+养老"面临的挑战

(1) 高成本与技术局限

机器人技术的研发和生产成本较高，导致养老机器人的价格昂贵，难以普及。机器人设备的维护和升级费用较高，增加了长期使用的经济负担。在复杂环境下的自主导航、精确感知和情感理解等方面仍存在技术挑战，影响机器人的实际应用效果。机器人在长时间使用过程中可能出现故障或性能下降，影响服务的连续性和可靠性。

(2) 隐私安全及用户接受度

机器人在收集和处理个人数据时存在隐私泄露的风险，需要加强数据保护和安全措施。机器人系统可能存在安全漏洞，容易受到网络攻击或黑客入侵，威胁用户安全。部分老年人对新技术存在抵触心理，难以适应和接受机器人服务,需要时间和教育来改变观念。对于技术不熟悉的老年人来说,操作机器人设备可能存在困难,影响使用体验。

(3)伦理问题

机器人替代照护人员可能引发伦理争议,涉及人性化关怀和情感支持等方面的问题。在机器人出现故障或误操作导致事故时,责任归属问题需要明确。

10.4 知识拓展

10.4.1 机器人的定义

机器人(Robot)是一种集感知、决策和执行能力于一体的自动化机器。不同于传统机器设备,机器人能够通过传感器获取环境信息,借助算法进行分析和决策,进而通过执行器完成任务,如跳舞(见图10-9)。它广泛应用于工业、医疗、服务等领域,为人类生活和生产提供高效的支持。

图10-9 会跳舞的机器人

10.4.2 机器人的技术架构

机器人作为一种集机械、电子、控制、计算机、传感器等多学科技术于一体的智能化设备,其技术架构犹如一座精心构建的大厦,由多个关键部分组成,共同支撑着机器人高效、精准地执行各种复杂任务。机器人的技术架构,见图10-10。

1. 硬件层

① 传感器模块:包括视觉传感器(如摄像头,用于图像采集和识别物体);距离传感器(如激光雷达、超声波传感器,用于测量与周围物体的距离);力传感器(用于感知抓取物体的力度);惯性测量单元(IMU,用于测量机器人的姿态和运动状态)等。

② 执行器模块:由多个关节和连杆组成,通过电机或液压系统驱动,能够实现精确的位置和姿态控制,用于抓取、搬运物体或进行精细操作。

③ 控制器模块:负责接收传感器数据、执行控制算法,并发送控制指令给执行器。

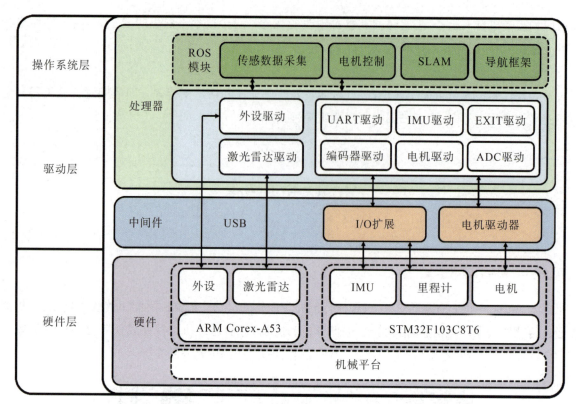

图 10-10 机器人的技术架构图

2. 驱动层

① 传感器驱动：通常采用标准化的接口协议，如 I2C、SPI、USB 等，以便与不同的传感器进行连接。将传感器采集到的数据转换为数字信号，并提供给操作系统层的应用程序使用。不同类型的传感器需要不同的驱动程序，以确保数据的准确性和可靠性。

② 执行器驱动：根据控制算法生成的指令，控制机械臂的关节电机或液压系统，实现精确的位置和姿态控制。驱动程序需要考虑电机的特性、动力学模型和反馈控制，以确保运动的平稳性和准确性。

③ 通信驱动：负责与外部设备进行通信，如与上位机进行数据传输、与其他机器人进行协作通信等。通信驱动程序需要支持不同的通信协议，如 TCP/IP、UDP、蓝牙、ZigBee 等。

3. 操作系统层

① 设备驱动接口：提供统一的接口，使应用程序能够方便地访问硬件设备。应用程序无需了解底层硬件的具体实现细节，只需通过操作系统提供的接口函数进行操作。

② 设备管理：对连接到机器人的硬件设备进行管理，包括设备的注册、初始化、配置和卸载。确保设备能够正常工作，并提供设备状态的查询和监控功能。

③ 应用程序框架：提供开发机器人应用程序的框架和工具，包括编程语言、开发环境、库函数等。应用程序框架通常具有良好的可扩展性和可维护性，方便开发人员进行二次开发和定制。

④ 通信与网络模块：提供机器人与外部设备进行通信的功能，包括与上位机、其他机器人或传感器网络进行通信。支持不同的通信协议和网络拓扑结构，确保数据的可靠传输和交互。

⑤ 网络管理：对机器人的网络连接进行管理，包括网络配置、连接建立和断开、数据传输的优化等。确保机器人能够在不同的网络环境下正常工作。

10.4.3 机器人的应用情况

机器人技术的应用覆盖多个领域，其中在养老服务中的发展尤为突出，为解决老龄化社会带来的挑战提供了有效手段。

除了养老服务领域,机器人在其他领域的应用同样表现出强大的潜力。在工业制造中,机器人被广泛用于装配、焊接和搬运等任务,大幅提升生产效率;在医疗卫生领域,手术机器人实现了高精度的外科操作,康复机器人帮助患者恢复功能,护理机器人则减轻了医护人员的负担;在农业生产中,机器人被用于播种、施肥、采摘等环节,推动了精准农业的发展;在公共安全领域,搭载环境监测和交互系统的智能警务机器人,可执行巡逻、安检、应急响应等任务,如杭州"滨小新"已应用于街道执勤;在教育与文化领域,以名人仿生机器人打造沉浸式体验场馆,用于科普教育和文化传播;在商业与办公领域,融入办公场景提供接待、咨询等服务的机器人,扩展人机协作边界。

10.5 创新案例:数字化中医养生机器人

10.5.1 数字化中医养生机器人概述

传统养生机器人,功能相对单一,通常只能提供简单的按摩、推拿等基础养生服务,手法和力度的精准度不够,且难以根据不同用户的体质和需求进行个性化调整。随着智能化水平的提高,某机构研制的数字化中医养生机器人为解决这些问题应运而生。该机器人是一款中医养生的智能助手,适用于医疗机构、家庭、养老院等应用场景,具有帮助用户,特别是老年人物理减肥、刮痧调理、辅助抗癌、温经散寒、推拿放松、润肠通便等六大功能,见图10-11。

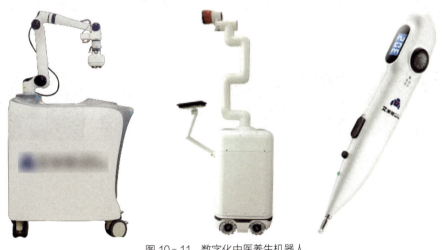

图10-11 数字化中医养生机器人

10.5.2 数字化中医养生机器人功能

数字化中医养生机器人,使用数字化技术,将传统中医知识和技能进行整合和创新,在中医经穴检测、经络建模与建立数字经络上进行技术突破,开发出寻穴装置,将六大物理治疗技术(超声波疗、负压空气疗、共振磁疗、TENS电疗、艾灸热疗、远红外光疗)创新融合至一台机器内,再搭配中药精华,即可实现物理减肥、刮痧调理等六大中医养生功能。

1. **数字化腧穴检测与评估**

结合先进的双电极检测和中医经络学理论知识,能够实现高精度的腧穴定位和测量。可检测人体共

362个腧穴,测完后形成个性化的人体腧穴模型,让用户看见自身腧穴分布情况,见图10-12。

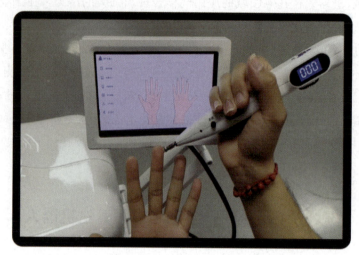

图10-12 寻穴功能介绍

2. 多模态手法学习功能

结合传统中医养生理疗理论与多种高精度传感器和先进的控制算法,实现多模态手法学习,可准确地模拟中医大师手法,包括振动式、按压式、摩擦式、滚推式等八大理疗手法(见图10-13),且拥有更强的力度、频率和持久性。

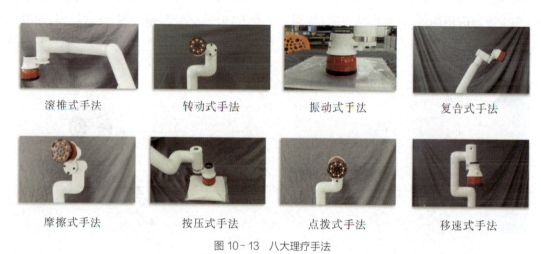

图10-13 八大理疗手法

3. 交互功能

数字化中医养生机器人具备自然语言处理和人机交互技术,能够与患者进行流畅的沟通和交流。患者可以通过语音、文字等方式向机器人咨询问题,机器人则能够根据患者的问题提供准确的回答和建议,为患者提供便捷的咨询服务。

课后习题

一、单选题

1. 养老陪伴机器人支持以下哪种紧急求救方式?(　　)
   A. 短信通知　　　　　　　　B. SOS一键求救键
   C. 电子邮件提醒　　　　　　D. 社交媒体发布

2. 康复机器人的核心理念是通过哪三者之间的协作实现个性化康复效果?(　　)

A. 机器人、医生、药物　　　　　　B. 机器人、病人、治疗师
C. 传感器、控制器、执行器　　　　D. 家属、社区、医护人员

3. "机器人技术+养老"系统架构中,负责采集老年人和环境数据的模块是(　　)。
A. 机器人设备层　　　　　　　　　B. 传感与监测层
C. 数据处理与分析层　　　　　　　D. 服务与应用层

4. "机器人技术+养老"面临的主要挑战不包括(　　)。
A. 高成本与技术局限　　　　　　　B. 隐私安全及用户接受度
C. 机器人完全替代人类护理　　　　D. 政策支持不足

5. 创新案例中数字化中医养生机器人的功能不包括(　　)。
A. 物理减肥　　　　　　　　　　　B. 情感陪伴
C. 刮痧调理　　　　　　　　　　　D. 温经散寒

6. 陪伴机器人的情感交互功能主要通过分析哪些因素实现?(　　)
A. 语音、表情、动作　　　　　　　B. 体温、血压、心率
C. 饮食、运动、睡眠　　　　　　　D. 环境温度、湿度

7. "机器人技术+养老"在资源优化配置方面的优势是(　　)。
A. 完全依赖人工管理　　　　　　　B. 智能化管理和服务提高资源利用效率
C. 仅适用于高端养老机构　　　　　D. 增加人力资源成本

8. 在隐私保护方面,养老机器人以下哪种做法是最重要的?(　　)
A. 可以随意收集老年人的数据,方便提供服务
B. 不收集任何个人数据,避免隐私泄露
C. 在收集和使用数据前获得老年人或其家属的同意,并严格保密
D. 只收集基本信息,复杂的健康数据不收集

9. 养老机器人的健康监测功能中,一般不包括以下哪项?(　　)
A. 基因检测　　　　　　　　　　　B. 血压监测
C. 血糖检测　　　　　　　　　　　D. 心率监测

二、思考题

1. 请你谈谈养老机器人在未来养老服务中所起的作用。

2. 假设你是一名养老机器人的开发者,你会为养老机器人增加哪些独特的功能? 请说明理由。

3. 你认为养老机器人在使用过程中可能会遇到哪些问题? 应该如何解决?

模块 11

虚拟现实技术+养老关键技术分析

11.1 案例导读

案例 　　　　　　　　　　让李爷爷不空虚的虚拟现实技术

图 11-1　VR 头盔

李爷爷是一位年近七旬的退休教师,独自生活在城市的一个养老院里。由于年纪渐长,他的身体健康状况逐渐下降,特别是膝盖关节的疼痛让他难以参与传统的户外活动,生活也变得越来越孤单。尽管有些老年朋友,但李爷爷常常感到与外界的联系逐渐疏远,尤其是在与子女和老朋友的联系方面,沟通不如从前那么频繁和亲密。

为了帮助李爷爷重新找回生活的乐趣,养老院为他提供了一套综合的虚拟现实(VR)社交与运动系统。

每天下午,李爷爷会戴上 VR 头盔,进入到虚拟社交场所。这里有一个模拟的虚拟花园,里面有许多和他一样的老年人。李爷爷与一位同样喜欢下棋的老奶奶进行虚拟对弈,两人通过虚拟环境中的社交工具轻松交谈,分享彼此的生活点滴。他还常常通过虚拟现实与远在他乡的女儿进行视频聚会。尽管相隔千里,父女二人依旧能通过虚拟世界的聚会感受到亲情的温暖,李爷爷的孤独感也因此大大减少。

除了社交,李爷爷还通过这个系统进行身体健康监测。他每天佩戴智能手环,手环会实时记录他的心率、血压和运动数据,并同步上传到虚拟现实平台。平台根据他的健康数据提供个性化的锻炼建议,如建议他进行低强度的虚拟太极拳练习。每次运动时,李爷爷会进入一个虚拟的安静环境,和虚拟教练一起做着温和的动作,感受身心的放松。随着时间的推移,李爷爷的膝盖疼痛有所缓解,身体也变得更加灵活。

像案例中的李爷爷一样,很多老年人随着年龄的增长,由于疾病等原因,他们难以经常参加老年康乐活动,生活变得越来越孤单。与宠物相伴、雇佣保姆、应用虚拟现实(VR)技术,都可以大大改善老人们心理空虚的状况,但使用虚拟现实技术,有着明显的优势,见表 11-1。

表 11-1 方案比较

方案 维度	宠物相伴	雇佣保姆	应用虚拟现实技术
使用成本	成本较低,但老年人难以饲养	成本高,薪资受工作时间影响	成本高,费用不受时间和空间影响
康复训练	鼓励老年人运动,但存在意外风险	提供监督与协助服务,存在指导风险	提供个性化的康复训练与监护服务
心理治疗	减少孤独感,存在照顾负担	提供陪伴服务,减少独立自主能力	提供虚拟治疗师与个性化治疗服务
健康教育	仅增强运动能力,无法实现健康教育	依赖经验提供健康教育	提供虚拟场景,自主学习健康知识和预防疾病

虚拟现实技术在养老领域发挥着巨大的作用,它可以通过康复训练、心理治疗、健康教育等方面为老年人提供有力与便捷的技术支持,见图 11-2。

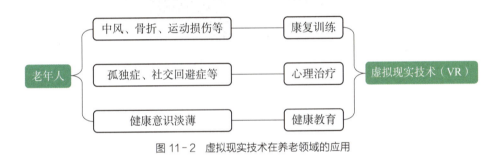

图 11-2 虚拟现实技术在养老领域的应用

11.2 应用场景

虚拟现实技术通过 3D 场景,让人身临其境。这项技术也可以与设备互动,衍生出数字孪生技术。目前,虚拟现实技术在康复训练、心理治疗、健康教育等方面有着重要的应用。

11.2.1 康复训练场景

VR 技术在康复训练中有着重要的应用。通过使用各种传感器和摄像头等设备,VR 技术可实时捕捉老年人的运动状态和动作表现。然后,相关数据会被传输到相关设备进行处理和存储;通过对这些数据的分析,系统能够识别老年人的健康状况和运动趋势,为他们提供针对性的模拟环境,并给出康复指导和计划。这种高度个性化的医疗服务,不仅提升了老年人的体验,还促进了他们康复的积极性。虚拟现实技术特别适合康复运动、平衡训练、步态训练等,可针对中风、骨折、运动损伤后的恢复等。

例如,某公司基于 VR 技术研制的智能医疗助理,通过模拟现实场景和高度个性化的服务,显著提升了健康管理水平和治疗效果,见图 11-3。该系统主要特点有二:一是能实时互动;二是能对数据进行智能分析。前者是采用先进的虚拟环境与自然语言交互技术,与用户进行流畅的实时互动。后者是通过实时监测、分析患者的运动状态,结合医学知识图谱和机器学习模型对患者的健康数据进行分析,迅速评估其健康状况,提供个性化的反馈和指导。

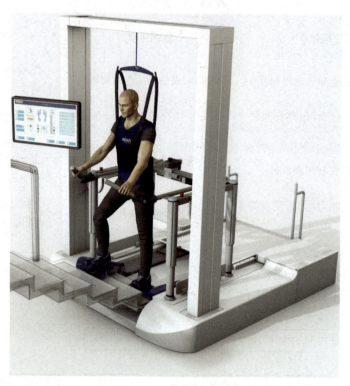

图 11-3 智能医疗助理

在智能医疗助理中,为实现数据的准确性,除了可通过佩戴智能手表、运动手环或专门的传感器来检测老年人的位置、姿势和动作变化,获取精确的数据,还可配备具有追踪功能的 VR 头盔,它可以在虚拟环境中实时更新老年人的视角和位置,为康复训练提供沉浸式体验(原理见图 11-4)。

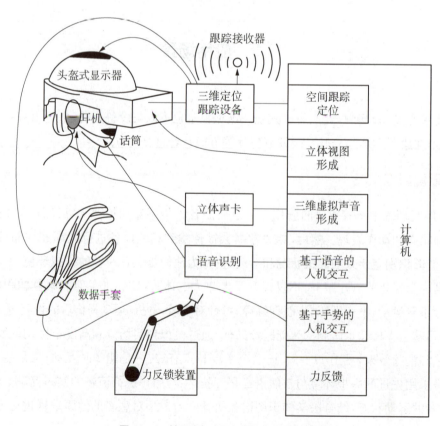

图 11-4 基于头盔式显示器的虚拟现实系统

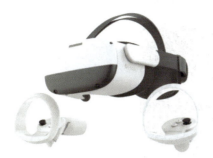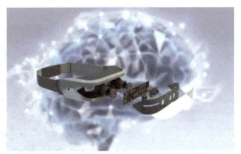

图 11-5　康复领域 VR 技术常用设备

11.2.2　心理治疗场景

老年人,特别是独居老年人心理健康问题突出,易患孤独症和社交回避症。虚拟现实在心理治疗中具有重要的应用。

① 虚拟暴露疗法,即通过创造安全的虚拟环境,老年人可以逐步面对引发其忧虑或恐惧的刺激,帮助他们渐进地克服这些负面反应。

② 虚拟现实通过情境再现和情绪激活,通过视觉、听觉和触觉的感官输入,使老年人能够重新体验和处理情绪反应。治疗师可以根据老年人的需求调整虚拟环境的各种参数,如场景设置和难度。

③ 虚拟现实还可用于教授和练习认知行为策略,如负性思维的重构或情绪调节技巧,同时也能模拟社交情境进行社交技能训练。

例如,英国某公司宣布推出一项使用虚拟现实技术的渐进式行为健康干预技术,可帮助老年人克服多种不良的心理健康状况,如广场恐惧症、社交焦虑症、抑郁症等,见图 11-6。

图 11-6　基于 VR 的行为健康干预技术

在使用期间,用户戴上 VR 头显并进入虚拟世界。在虚拟世界中,他们将由虚拟教练指导完成一系列任务,这些任务在不同环境中(如街景、公交车上、商店里等,如图 11-7)呈现不同的难度分级,以提供个性化的治疗方案,并确保治疗过程的安全和可控性。

图 11-7 虚拟社交场景展示

11.2.3 健康教育场景

虚拟现实在健康教育中也有重要的应用,即通过创造出一个三维的、互动的虚拟环境,使用户能够自由探索和学习健康相关的知识和技能。

在健康生活习惯方面,通过模拟日常生活场景如厨房、健身房或公园,用户可以体验健康活动,如按健康食谱烹饪或进行适当的运动;通过传感器收集用户的运动数据,如步数、心率等,实时显示在虚拟界面上,让用户能够直观地了解自己的健康状况和进步;设计挑战任务和奖励机制可以激励用户坚持健康习惯,这对于长期维持健康至关重要。

图 11-8 某款 VR 产品

VR 还可以用于安全和急救教育,为老年人如何应对生活中常见的安全问题和如何进行急救处理进行培训。

例如,一家专注于开发虚拟现实技术的公司,开发的 VR 产品通过创建沉浸式的虚拟环境,帮助老年人在接受治疗时转移注意力,减轻疼痛和焦虑;同时,该产品也可用于医生的教育培训,见图 11-8。

该产品中,内嵌用于缓解慢性腰痛的沉浸式虚拟现实系统,该系统采用认知行为疗法的原理,通过疼痛教育、横膈膜呼吸改善和放松练习等方法帮助老年人减轻疼痛。

11.3 知识要点

虚拟现实(Virtual Reality, VR),是一种由计算机技术和电子技术创造的新世界,是一个看似真实的模拟环境,即利用电脑或其他智能计算设备模拟产生三维空间的虚拟世界,为用户提供视觉、听觉、触觉等感官的模拟,让用户如同身临其境一般。同时,通过多种传感设备,用户可根据自身的感觉,使用人的自有技能对虚拟世界中的物体进行考察和操作,进行视、听、触等直观而又自然的实时感知。VR 技术可用于健康管理、康复训练和心理疏导等方面,以其沉浸式、互动性的特征,正逐步渗透到各个领域等。

11.3.1 "虚拟现实技术+养老"服务系统架构

"虚拟现实技术+养老"服务系统架构可分为四层:终端层、网络层、平台层、内容层,见图 11-9。

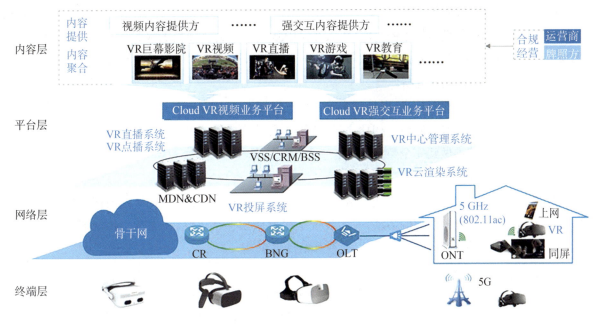

图 11-9 系统构架

1. 内容层

主要提供丰富的虚拟现实内容。VR 养老应用为老年人提供虚拟旅游、康复训练、心理辅导、教育和娱乐等服务。健康管理应用监控和记录老年人的健康数据,提供个性化健康管理建议。社交互动应用提供虚拟社交平台,支持老年人与家人、朋友和其他用户互动。

例如,可与专业 VR 内容开发公司合作,设计针对老年人的虚拟现实体验,如虚拟旅行、运动课程和艺术疗法等。

2. 平台层

由平台管理负责系统的整体管理和协调,API 接口提供标准化接口,支持与第三方系统和服务的集成,系统监控实时监控系统运行状态,以确保系统的稳定性和高可用性。接口分为用户接口、管理接口和开放接口这三类。用户接口提供友好的用户界面,方便老年人和照护人员使用;管理接口提供管理后台,方便系统管理员进行系统管理和维护;开放接口支持与其他健康管理系统、养老服务系统的对接和集成。

例如,可开发虚拟现实社交平台,让老年人能够与家人、朋友进行虚拟互动,参与在线活动和游戏,增加社交机会。

3. 网络层

主要负责传递和处理终端层获取的信息。它可以存储用户的健康数据、使用记录和互动数据等,利用大数据和人工智能技术,对数据进行分析和挖掘,提供决策支持和优化建议,确保数据在传输和存储过程中的安全,保护用户隐私。同时,网络连接能够确保设备与后台系统的稳定连接,为数据传输和实时互动提供支持,保证系统的稳定运行。

4. 终端层

通过各种设备如头显、控制器、传感器等,为用户进行虚拟现实体验;通过健康检测设备,如心率监测器、血压计等(都与 VR 系统集成),实时收集健康数据。

11.3.2 "虚拟现实技术+养老"的发展特点与机遇

1. "虚拟现实技术+养老"的发展特点

"虚拟现实技术+养老"的发展具备以下三大特点。

(1) 服务的便捷性与全面性更强

虚拟现实技术可以突破地域限制,让老年人在家中就能享受到各种养老服务,包括医疗护理、康复训练、娱乐活动等。通过虚拟环境,还能模拟出各种场景和服务,满足老年人多样化的需求。

(2) 个性化与定制化程度更高

借助大数据和人工智能等技术,虚拟现实养老可以根据老年人的个体差异、兴趣爱好和健康状况等,为其量身定制养老方案和服务内容。相比之下,传统养老模式虽然也会考虑个体差异,但在服务的精准度和个性化方面可能较难做到完全契合每个老年人的独特需求。

(3) 提供更多的精神慰藉

虚拟现实技术可以为老年人创造出丰富多样的虚拟社交、娱乐和体验场景,让他们在虚拟世界中与家人、朋友互动,参与各种感兴趣的活动,一定程度上缓解孤独感,丰富精神生活。传统养老模式在精神慰藉方面,可能更多地依赖于现实中的人际交往和活动组织。

2. "虚拟现实技术+养老"的发展机遇

随着社会老龄化加剧,虚拟现实技术在养老产业中将迎来重大的发展机遇。

① 老年人对医疗保健、精神文化生活等方面的需求不断增长。虚拟现实技术能够为老年人提供更加个性化、便捷和丰富的医疗康复服务以及娱乐活动,满足他们日益多样化的需求。

② 虚拟现实技术可以弥补传统养老服务的不足。比如,通过创建虚拟社交环境,让行动不便的老年人也能与外界保持密切联系,减少孤独感;利用虚拟训练场景,帮助老年人进行康复锻炼,提高身体机能。

③ 成本的降低也使得虚拟现实技术更易于在养老产业中推广应用。政府和社会也会加大对相关技术研发和应用的支持力度,进一步推动虚拟现实技术在养老产业的发展。

11.3.3 "虚拟现实技术+养老"的优势与挑战

1. "虚拟现实技术+养老"的优势

① 改善心理健康:VR 可以让老年人体验虚拟社交,减少孤独和隔离感。通过 VR 旅行和虚拟活动,老年人可以探索新的环境和体验,激发他们的兴趣和好奇心,提升其精神状态。

② 促进身体健康:运用虚拟运动进行健身可以鼓励老年人进行适度的身体活动,改善身体健康。VR 还可以用于物理治疗和康复训练,提供互动和激励,提升康复效果。

③ 增强认知功能:利用 VR 游戏和互动任务进行认知训练,可以帮助老年人锻炼大脑,提高认知能力和记忆力。老年人还可以通过 VR 学习新的技能和知识,保持脑力活跃。

④ 提供护理和支持:VR 可以用于对护理人员进行培训,提高他们的技能和应对紧急情况的能力,利用该技术,医生和护理人员可以远程监控和评估老年人的健康状况。

⑤ 提升心理健康和情感福祉:VR 可以为老年人提供丰富的虚拟体验,帮助他们克服孤独感和孤立感,如虚拟旅游、家庭聚会和社交活动等。VR 治疗也可以用于缓解抑郁和焦虑,提供沉浸式的放松和冥想体验。

⑥ 康复和物理治疗:VR 可以用于物理治疗和康复训练,通过沉浸式的互动环境,激励老年人参与到康复训练中。游戏化的训练方法可以提高参与度和康复效果。定制化的虚拟训练程序可以根据个人的康复需求进行调整,提高康复的效果。VR 可以用于个性化的护理计划,通过记录和分析老年人的行为和反应,提供针对性的护理和支持。远程护理结合 VR 技术,可以让家庭成员和护理人员实时监控和互动,提供更好的关怀和支持。

⑦ 认知训练和大脑健康:VR 应用可以设计认知训练游戏,帮助老年人保持大脑活跃,延缓认知功能衰退,老年人也可以通过 VR 学习新技能,参加虚拟课程,丰富生活。通过模拟日常任务和挑战,老年人

可以锻炼记忆、注意力和问题解决能力。VR还可以用于早期检测和干预阿尔茨海默病等认知障碍。

⑧ 环境模拟和生活质量提升：VR提供了丰富的娱乐选项，如虚拟演唱会、戏剧表演和体育赛事，老年人可以在家中享受这些活动。通过VR平台，老年人可以结识新朋友，参加虚拟社区活动，保持社交活跃。VR还可以模拟各种生活环境，帮助老年人适应不同的居住环境和生活情境。比如，老年人可以在虚拟环境中熟悉新的居住地或医疗设施，减少适应期的不适。通过模拟自然环境和户外活动，提升老年人的生活质量和幸福感。

2. "虚拟现实技术+养老"的挑战

① 技术挑战：VR设备较为昂贵，成本较高，对于一些养老机构和个人来说，可能负担不起。另外，老年人可能难以适应和操作复杂的VR设备，需要额外的技术支持和培训。

② 健康风险：一些老年人在使用VR时可能会出现晕动症，导致头晕、恶心等不适症状。长时间使用VR设备可能对视力产生负面影响，尤其是对已有视力问题的老年人。

③ 心理依赖：使用VR设备过程中，老年人可能会过度依赖虚拟世界，忽视现实生活中的社交互动和活动。频繁使用VR设备则可能导致老年人对现实世界兴趣减少，影响他们的日常生活和心理健康。

④ 隐私和安全：使用VR设备可能涉及个人数据和隐私的采集和处理，需要加强数据保护措施；老年人在使用VR时可能会面临跌倒等安全风险，需要在使用环境中采取适当的保护措施。

11.4 知识拓展

11.4.1 虚拟现实技术的定义

虚拟现实技术是一种通过计算机技术、电子技术创造出的仿真环境，使用户能够沉浸其中并与之进行交互的技术（见图11-10）。这种技术通过特定的硬件设备，如头戴式显示器、追踪设备和计算机系统，将用户带入虚构或仿真的三维环境中。用户可以通过视觉、听觉甚至触觉等感官获得与现实世界类似的体验，从而与虚拟环境中的物体、场景或其他用户进行实时互动。虚拟现实技术的核心特点是多感官模拟、交互性、自主性（具体解释见表11-2），这些特点使其在娱乐、教育、医疗、工业等多个领域都具有广泛

图11-10 虚拟现实技术

表 11-2 虚拟现实技术的特点与解释

特点	解释
多感官模拟	VR 技术能够模拟视觉、听觉、触觉等多种感官体验,提供全方位的沉浸式体验
交互性	通过手势、动作捕捉设备、控制器等实现对虚拟物体的操作、位置改变和功能触发等
自主性	虚拟环境中的元素和事件可以按照预定的规则和算法自主运行和变化,营造出一个具有动态和复杂性的虚拟世界

的应用前景。

11.4.2 虚拟现实技术的基本原理和技术构架

1. 虚拟现实技术的基本原理

虚拟现实技术通过计算机生成沉浸式三维环境,使用户能够与之交互。其基本原理如图 11-11 所示,包括以下几个关键组成部分。

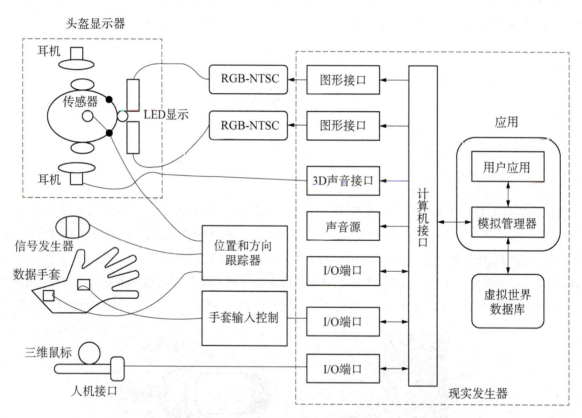

图 11-11 虚拟现实技术的基本原理

① 显示技术:头戴式显示器,通过左右眼分别显示略有差异的图像,产生立体视觉效果。

② 跟踪与定位:使用传感器(如陀螺仪、加速度计)或外部设备(如激光、红外摄像头)实时追踪用户头部和身体的位置与方向。通过手柄、手套等设备捕捉用户的手势和动作。

③ 交互技术:使用输入设备,如手柄、数据手套等设备,使用户能够与虚拟环境互动。通过振动或力反馈增强交互的真实感。

④ 计算机技术:计算机根据用户视角实时生成高质量的三维图像。虚拟环境中的物体和场景通过 3D 建模软件创建。通过空间音频技术模拟声音的方向和距离,增强沉浸感。

⑤ 人机交互与用户体验：通过语音识别、手势识别等技术实现更自然的交互方式。虚拟现实技术通过显示、跟踪、交互、图形渲染、音频、软件、网络和人机交互等多方面的协同工作，创造出逼真的虚拟环境，使用户能够沉浸其中并与之互动。

2. 虚拟现实技术的技术构架

虚拟现实技术的技术构架一般可分为以下几个部分：

① 硬件层。包含虚拟现实所需的各类物理硬件，如头显、交互设备、计算机主机、网络设备（如果是联网协同的 VR 场景）、传感器等。

② 软件层。系统软件如操作系统、驱动程序等，确保硬件能正常运行和交互；开发工具软件（SDK、引擎等）用于构建虚拟现实内容和应用程序；应用软件即面向用户的各种 VR 应用。例如，3D 图形渲染通过对虚拟场景和对象进行三维建模，利用图形渲染技术将其转化为逼真的图像。

③ 内容层。由大量的虚拟现实场景、模型、动画、音频、故事脚本等构建起来的各种不同类型的内容体系（如游戏场景内容、教育课程内容、模拟训练内容等）。

④ 网络层。低延迟的网络连接，支持多人在线互动和云计算服务。云计算提供存储、计算资源和多用户体验的平台。

⑤ 用户体验层。通过视听效果、空间音频和触觉反馈等手段提高用户的沉浸体验；确保不同用户群体能够友好地使用 VR 技术，包括考虑身体残疾人士的需求。

11.4.3 虚拟现实技术的应用情况

虚拟现实技术除了在养老领域有着重要的应用，在其他领域同样有着重要的应用。

① 教育与培训：VR 被广泛用于医学、工程等领域的模拟培训，提升学习效果和实践能力。

② 医疗健康：VR 用于手术模拟、患者康复和心理治疗，帮助医护人员提升专业技能。

③ 房地产与旅游：通过 VR 看房或虚拟旅游，用户可以远程体验房产或世界名胜，带来全新体验。

④ 社交与艺术设计：VR 社交平台增强远程互动；设计师和艺术家利用 VR 开创新的创作形式。

11.5 创新案例：基于虚拟现实的智慧居家养老数字孪生大模型

11.5.1 基于虚拟现实的智慧居家养老数字孪生大模型概述

对于养老人群的家属而言，老年人的安全、健康问题以及日常的生活是否便利是他们最关心的；对于养老人群而言，他们更需要的是陪伴和交流，以增强生活的质量和幸福感。

某机构研发的基于虚拟现实的智慧居家养老数字孪生大模型能够很好地缓解上述问题。该大模型主要依靠物联网、云计算、3D 等技术，实现数据全融合、状态全可观、设备全可控的全域智能管理，能够直观、实时地展示老年人的居家生活状态，宏观展示屋内三维场景，让养老人群的家属更安心与放心。该大模型可进行唱歌跳舞；内部附带物联网芯片，可以随时读取服务器数据，与人互联，与家居互联，读取家里湿度、温度等。

11.5.2 基于虚拟现实的智慧居家养老数字孪生大模型功能

基于虚拟现实的智慧居家养老大模型以居家安全、设备管理、应急处理、老人管理四大系统为基础，能够实现更加直观、更加精细化的居家养老服务。

1. 居家安全系统

当门外有来客时,门外视觉监控会自动进行人脸识别以识别来客身份,并进行判定;客厅监控终端打开,根据来客信息做出相应的处理,操控开关门,从而保护老年人独自居家的安全。

2. 设备管理系统

老年人可通过语音指令操控家电,提升便利性。家属可以查看家中设备的状态,增强安全感。例如,老年人可以通过语音指令控制全屋家电。同时,在3D模型上也会实时反馈,以达到方便老年人独自居家的需求;家属可得知家中设备的状态,起到一定的保障作用。

3. 应急处理系统

该系统可获取房屋内的实时数据,如温湿度、光照、烟雾等,当空气中的有毒有害气体浓度过高时,烟雾报警器和风扇便会打开,使老年人能及时得知危险信息并做出应急措施,从而保障老年人的居家安全。

4. 老年人管理系统

这是针对老年人居家行动的专属系统,它可以在全屋实现微距定位,获取老年人实时位置,同步演示微距定位功能,并且在出现摔倒等情况时,及时的发出报警。同时在3D模型上,也有实时的反馈,帮助家属及时得知屋内老年人情况。

图 11-12 数据管理展示

居家养老大模型的功能如前所述,它还可以与老年人对话,根据老年人的语音指令回答问题,如天气情况、房间的温湿度等;或执行指令,如播放音乐、开灯关灯等。

课后习题

一、单选题

1. 虚拟现实技术如何帮助缓解老年人的孤独感?(　　)

   A. 提供个性化饮食　　　　　　　　B. 增加虚拟社交活动

   C. 提供健康监测　　　　　　　　　D. 实施身体锻炼

2. 虚拟现实技术的特点不包括下面的哪一点?(　　)

   A. 交互性　　　　　　　　　　　　B. 自主性

   C. 独特性　　　　　　　　　　　　D. 多观感模拟

3. 以下哪个选项不属于VR技术在养老领域中的优势?(　　)

   A. 促进身体健康　　　　　　　　　B. 增强认知功能

   C. 康复和物理治疗　　　　　　　　D. 隐私和安全

4. "虚拟现实技术＋养老"服务系统构架分几层？（   ）
A. 四
B. 五
C. 六
D. 七

二、思考题
1. 谈谈你对虚拟现实技术的认识。

2. 虚拟现实技术与养老相结合的作用有哪些？

3. 有哪些新兴技术可能会进一步提升 VR 养老的效果？

主要参考文献

研究报告或文件

1. 国务院办公厅.关于发展银发经济增进老年人福祉的意见[Z],2024.
2. 郑功成.关于积极推进数字化技术服务民生保障事业的建议[Z],2024.
3. 智研咨询.2024—2030年中国智慧养老行业市场发展分析及发展趋势与投资前景研究报告[R],2024.
4. 智研咨询.2024—2030年中国智慧养老行业市场全景调查及投资潜力研究报告[R],2024.
5. 中国产业研究院.2024—2029年智慧养老产业现状及未来发展趋势分析报告[R],2024.

报纸

1. 推进"互联网＋智慧养老"打通居家养老服务"最后一公里"[N].惠州日报,2024-09-10.
2. 张思锋.智能养老,未来已来——我国养老服务的人力资源困境与战略思考[N].中国财经报,2023-10-17.

期刊

1. 高惠燕,李忠成.远程实时健康监护系统关键技术探讨[J].数字技术与应用,2024,42(02):136-138.
2. 李彩雁,张希亮.云计算环境下医养融合的智慧养老服务体系构建探讨——以甘肃省平凉市为例[J].中国初级卫生保健,2023,37(07):22-25.
3. 王春彧,杜世超.远程监护设备对不同居住安排老年人健康的影响——基于中国老年社会追踪调查的分析[J].上海城市规划,2024,(03):37-42.
4. 赵丽.基于云计算智慧平台的健康养老信息推送算法研究[J].长春大学学报,2024,34(04):8-13.

学位论文

1. 车汶峰.哈尔滨市智慧养老服务问题研究[D].哈尔滨商业大学,2023.
2. 贾梦夏.智慧养老背景下HJ公司数字健康服务平台改进对策研究[D].浙江理工大学,2022.

图书在版编目(CIP)数据

智慧养老技术认知/李斌,支明,刘凯主编.
上海:复旦大学出版社,2025.5. -- ISBN 978-7-309
-17992-7

Ⅰ.D669.6
中国国家版本馆 CIP 数据核字第 20259X0V49 号

智慧养老技术认知
李 斌 支 明 刘 凯 主编
责任编辑/朱建宝

复旦大学出版社有限公司出版发行
上海市国权路 579 号 邮编:200433
网址:fupnet@fudanpress.com   http://www.fudanpress.com
门市零售:86-21-65102580   团体订购:86-21-65104505
出版部电话:86-21-65642845
上海丽佳制版印刷有限公司

开本 890 毫米×1240 毫米 1/16 印张 10.75 字数 303 千字
2025 年 5 月第 1 版第 1 次印刷

ISBN 978-7-309-17992-7/D·1222
定价:59.00 元

如有印装质量问题,请向复旦大学出版社有限公司出版部调换。
版权所有 侵权必究